LITTÉRATURE

OFFICIELLE

SOUS

LA COMMUNE

PARIS

LIBRAIRIE DES BIBLIOPHILES

Rue Saint-Honoré, 338.

—

M DCCC LXXI

DOCUMENTS

SUR LES ÉVÉNEMENTS DE 1870-71

LITTÉRATURE OFFICIELLE

SOUS LA COMMUNE

DOCUMENTS SUR LES ÉVÉNEMENTS

DE 1870-71

LITTÉRATURE

OFFICIELLE

SOUS LA COMMUNE

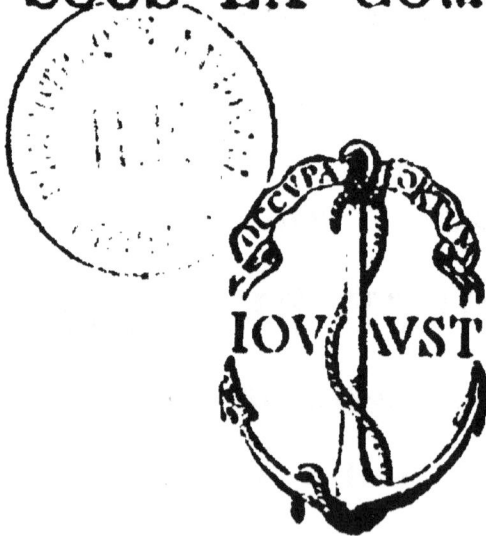

PARIS

LIBRAIRIE DES BIBLIOPHILES

RUE SAINT-HONORÉ, 338

LITTÉRATURE OFFICIELLE

SOUS LA COMMUNE

Sous le titre de : *Littérature officielle sous la Commune*, nous réunissons aujourd'hui les principaux articles littéraires publiés par l'organe officiel de l'insurrection. Ne les donnant qu'à titre de curiosité historique, nous n'avons pas à reproduire ceux qui n'ont pas trait aux événements actuels. Nous y avons ajouté certains articles politiques qui, par leur caractère doctrinaire, nous ont paru rentrer dans le cadre que nous nous étions tracé. On trouvera aussi dans notre recueil deux échantillons de feuilletons dramatiques : ce sont des comptes rendus de ces concerts officiels des Tuileries, dont l'étoile était la citoyenne Borda, l'illustre interprète de *la Canaille*.

Afin que notre recueil constitue un document complet, nous donnons ci-après les titres des articles *Variétés* qu'il ne nous a pas paru utile de réimprimer.

20 mars. — *Le Royaume-Uni de Suède et de Norwège*, signé MÉRINOS. — C'est un article que la Commune trouva tout composé quand elle s'empara de l'imprimerie du *Journal officiel*, et dont elle se servit pour remplir son numéro du 20 mars. Le même article parut également, avec

la signature *Mouton*, dans le *Journal officiel* de Versaille du 20 mars.

26 mars. — *La Commune insurrectionnelle*. Cet article est extrait de *la Révolution* d'EDGARD QUINET.

28 mars. — *Les Armes à tir rapide*. Notice sur le fusil Remington. Non signé.

29 mars. — *Nouvelle organisation de la ville de Paris*. Reproduction d'un mémoire de M. VILLIAUMÉ adressé dès le commencement de septembre au Gouvernement de la défense nationale.

3 avril. — *Bitche*. Quelques détails en réponse à un article du *Gaulois*, sur le siége de Bitche et sur le départ de la garnison française. Donné par un habitant de Bitche. Non signé.

6 avril. — *Paris vu du dehors*. Extraits de journaux anglais, naturellement hostiles à Versailles : 1° lettre de Savinien Lapointe, tirée du *Morning Advertiser*, dans laquelle Jules Favre est traité de *typhus;* 2° lettre d'Alphonse Karr, publiée par le *Saturday Review*, avec cette épigraphe : « Plus ça change et plus c'est toujours la même chose; » 3° quelques lignes prises à *la Situation*, et concluant que, « d'accord avec une majorité qui veut tout ce que veut la Prusse, M. Jules Favre va jeter M. Thiers par-dessus le bord. »

7 avril. — *Une Révolution populaire*, par L.-X. DE RICARD. Considérations générales et historiques dans lesquelles l'auteur s'attache à démontrer l'incapacité politique de la bourgeoisie.

9 avril. — *Du Régime alimentaire*. Conférence de

M. Ch.-G. Sée, extraite de la *Revue des Cours scienti-fiques.*

10 avril. — *Les Héroïnes de la Révolution.* Quelques lignes sur le rôle que les femmes ont joué dans les mouvements populaires, depuis Théroigne de Méricourt jusqu'à la citoyenne Eudes, femme du général de la Commune, digne, paraît-il, de figurer au premier rang parmi les héroïnes de l'insurrection du 18 mars.

Du régime alimentaire. (Suite de l'article de la veille.)

11 avril. — *Du Régime alimentaire.* (Fin de l'article précédent.)

17 avril. — *Une Commune au moyen âge,* par E. Maréchal. Épisode de l'histoire de Vézelai.

20 avril. — *Paris indépendant dans l'histoire,* par Charles Limousin. Quoique l'auteur se propose de consacrer une étude aux situations analogues à celle d'aujourd'hui qui se rencontrent dans le cours de l'histoire de Paris, son travail contient fort peu d'allusions aux événements présents.

21 avril — *Tradition unitaire,* par L.-X. de Ricard. Étude faite en réponse aux docteurs allemands qui se promettaient que la guerre actuelle serait la fin de la France.

29 avril. — *La Phrényogénie.* Compte rendu d'un ouvrage de M. Bernard Moulin. La phrényogénie est basée sur ce principe, que « les enfants sont, tant à l'état moral et intellectuel qu'à l'état physique, la photographie vivante de leurs parents, prise au moment de la conception. » Article non signé.

30 avril. — *Saint-Denis et Montmartre en octobre 1870*, par E. MARÉCHAL. Épisode du siége de Paris.

2 mai. — *Paris indépendant dans l'histoire.* (Fin de l'article du 20 avril.)

8 mai. — *Le Cabinet noir.* Pièce écrite sous l'Empire et trouvée par le délégué de la Commune dans un des bureaux de l'administration des postes.

9 mai. — *Frédéric II et Voltaire*, par E. MARÉCHAL

15 mai. — *Les Crèches.* Non signé. Ce document, tout pratique, ne contient rien de spécial aux choses du jour. Une note indique qu'il a été présenté par la Société des amis de l'enseignement, et communiqué au *Journal officiel* par la citoyenne Maria Verdure et les citoyens Félix et Élie Ducoudray.

16 mai. — *Les Crèches.* (Fin de l'article précédent.)

On remarquera, en réunissant cette nomenclature aux articles que nous reproduisons ci-après, que la Commune, sur son déclin, négligea beaucoup la partie littéraire de son organe officiel. Elle aima mieux alors amuser le public par les récits multipliés de ces victoires fantastiques qui amenèrent, le 21 mai, l'entrée des troupes de Versailles dans Paris.

———

I

LA RÉVOLUTION DU 18 MARS

(Journal officiel du 21 mars)

Les journaux réactionnaires continuent à tromper l'opinion publique en dénaturant avec préméditation et mauvaise foi les événements politiques dont la capitale est le théâtre depuis trois jours. Les calomnies les plus grossières, les inculpations les plus fausses et les plus outrageantes, sont publiées contre les hommes courageux et désintéressés qui, au milieu des plus grands périls, ont assumé la lourde responsabilité du salut de la République.

L'histoire impartiale leur rendra certainement la justice qu'ils méritent, et constatera que la Révolution du 18 mars est une nouvelle étape importante dans la marche du progrès.

D'obscurs prolétaires, hier encore inconnus, et dont les noms retentiront bientôt dans le monde entier, inspirés par un amour profond de la justice et du droit, par un dévouement sans borne à la France et à la République, s'inspirant de ces généreux sentiments et de leur courage à toute épreuve, ont résolu de sauver à la fois la patrie envahie et la liberté menacée. Ce sera là leur mérite devant leurs contemporains et devant la postérité.

Les prolétaires de la capitale, au milieu des défaillances et des trahisons des classes gouvernantes, ont compris que l'heure était arrivée pour eux de sauver la situation en prenant en mains la direction des affaires publiques.

Ils ont usé du pouvoir que le peuple a remis entre leurs mains avec une modération et une sagesse qu'on ne saurait trop louer.

Ils sont restés calmes devant les provocations des ennemis de la République, et prudents en présence de l'étranger.

Ils ont fait preuve du plus grand désintéressement et de l'abnégation la plus absolue. A peine arrivés au pouvoir, ils ont eu hâte de convoquer dans ses comices le peuple de Paris, afin qu'il nomme immédiatement une municipalité communale dans les mains de laquelle ils abdiqueront leur autorité d'un jour.

Il n'est pas d'exemple dans l'histoire d'un gouvernement provisoire qui se soit plus empressé de déposer son mandat dans les mains des élus du suffrage universel.

En présence de cette conduite si désintéressée, si honnête et si démocratique, on se demande avec étonnement comment il peut se trouver une presse assez injuste, malhonnète et éhontée pour déverser la calomnie, l'injure et l'outrage sur des citoyens respectables, dont les actes ne méritent jusqu'à ce jour qu'éloge et admiration.

Les amis de l'humanité, les défenseurs du droit, victorieux ou vaincus, seront donc toujours les victimes du mensonge et de la calomnie?

Les travailleurs, ceux qui produisent tout et qui ne jouissent de rien, ceux qui souffrent de la misère au milieu des produits accumulés fruit de leur labeur et de leurs sueurs, devront-ils donc sans cesse être en butte à l'outrage?

Ne leur sera-t-il jamais permis de travailler à leur émancipation sans soulever contre eux un concert de malédictions?

La bourgeoisie, leur aînée, qui a accompli son émancipation il y a plus de trois quarts de siècle, qui les a précédés dans la voie de la révolution, ne comprend-elle pas aujourd'hui que le tour de l'émancipation du prolétariat est arrivé?

Les désastres et les calamités publiques dans lesquels son incapacité politique et sa décrépitude morale et intellectuelle ont plongé la France devraient pourtant lui prouver qu'elle a fini son temps, qu'elle a accompli la tâche qui lui avait été imposée en 89, et qu'elle doit, sinon céder la place aux travailleurs, au moins les laisser arriver à leur tour à l'émancipation sociale.

En présence des catastrophes actuelles, il n'est pas trop du concours de tous pour nous sauver.

Pourquoi donc persiste-t-elle, avec un aveuglement fatal et une persistance inouïe, à refuser au prolétariat sa part légitime d'émancipation?

Pourquoi lui conteste-t-elle sans cesse le droit commun? pourquoi s'oppose-t-elle de toutes ses forces et par tous les moyens au libre développement des travailleurs?

Pourquoi met-elle sans cesse en péril toutes les conquêtes de l'esprit humain accomplies par la grande révolution française?

Si depuis le 4 septembre dernier la classe gouvernante avait laissé un libre cours aux aspirations et aux besoins du peuple; si elle avait accordé franchement aux travailleurs le droit commun, l'exercice de toutes les libertés; si elle leur avait permis de développer toutes leurs facultés, d'exercer tous leurs droits et de satisfaire leurs besoins; si elle n'avait pas préféré la ruine de la patrie au triomphe certain de la République en Europe, nous n'en serions pas où nous en sommes et nos désastres eussent été évités.

Le prolétariat, en face de la menace permanente de ses droits, de la négation absolue de toutes ses légitimes aspirations, de la ruine de la patrie et de toutes ses espérances, a compris qu'il était de son devoir impérieux et de son droit absolu de prendre en main ses destinées et d'en assurer le triomphe en s'emparant du pouvoir.

C'est pourquoi il a répondu par la révolution aux provocations insensées et criminelles d'un gouvernement aveugle et coupable, qui n'a pas craint de déchaîner la guerre civile en présence de l'invasion et de l'occupation étrangères.

L'armée, que le pouvoir espérait faire marcher contre le peuple, a refusé de tourner ses armes contre lui : elle lui a tendu une main fraternelle et s'est jointe à ses frères.

Que les quelques gouttes de sang versé, toujours regrettables, retombent sur la tête des provocateurs de la guerre civile et des ennemis du peuple, qui, depuis près d'un demi-siècle, ont été les auteurs de toutes nos luttes intestines et de toutes nos ruines nationales.

Le cours du progrès, un instant interrompu, reprendra sa marche, et le prolétariat accomplira, malgré tout, son émancipation !

LE DÉLÉGUÉ AU *Journal officiel.*

II

LE RÉGICIDE[1]

(24 mars)

Dans les États monarchiques, cette question est toujours grave en elle-même, et toujours funeste quand elle surgit dans les débats publics. Elle n'est toutefois qu'une question secondaire et dépendante de l'ordre social tel qu'il est établi. Il faut l'envisager dans le système du droit divin, du droit national et de ce droit mixte qui naît des constitutions convenues.

Pour les hommes qui considèrent les sociétés comme établies par Dieu et indépendantes des volontés de l'homme, le régicide est un sacrilége. Le crime qui porte la main sur l'homme de Dieu s'attaque à Dieu même. Mais, dans cette hypothèse, le roi n'est que l'instrument de Dieu; il existe au-dessus des rois un représentant de Dieu, et le chef

1. Voir la note de l'article suivant.

de la religion, jugeant les princes selon leurs œuvres, a le droit d'affermir ou de briser leur sceptre

La monarchie veut bien régner de droit divin, mais la monarchie ne veut pas s'asservir à la théocratie ; elle adopte tout le pouvoir du pape par le roi, moins le pouvoir du pape sur le roi. Ces débats causèrent la perte de la branche de Valois, suscitèrent la Ligue, assassinèrent Henri III et finirent par le meurtre de Henri IV. Cette puissance des conciles sur les papes, des papes sur les rois et des rois sur les peuples, fut en partie réfrénée par la déclaration du clergé de France de 1682 ; mais l'esprit sacerdotal ne voulut pas abdiquer sa souveraineté : la querelle existe toujours en théorie, et l'impuissance du Vatican la rend peu redoutable aux couronnes.

L'autel ne menace plus le trône, et cependant, par cela seul que, dans le droit divin, la suprématie du prince a été contestée par le prêtre, il en est résulté que, dans le droit national, l'inviolabilité du roi a été contestée par le peuple. Le droit du peuple étant substitué au droit de Dieu, ce résultat était inévitable. Les prétentions sont pareilles, les arguments les mêmes : les juges de Charles Ier et de Louis XVI ont employé les arguments des ligueurs, des Guise et de la cour de Rome. Lorsqu'on établit une doctrine au profit d'un pouvoir, toutes les forces s'en emparent.

La question se complique lorsqu'on l'envisage selon le droit national séparé du droit divin ; il faut

d'abord savoir dans quelles mains est tombé l'exercice de la souveraineté. Si dans les mains du roi, le
régicide est admis par toutes les puissances : Romu-
lus frappe Rémus, Henri de Transtamare frappe
don Pèdre, Elisabeth frappe Marie Stuart : si dans
les mains de l'aristocratie, le fait s'érige encore en
droit : les rois de la Grèce furent tous expulsés ou
meurtris par les sénats des villes de l'Hellénie, Ro-
mulus tomba sous le fer des sénateurs, et Tarquin
fut chassé par la révolte des patriciens ; si dans les
mains de l'armée, la victoire légitime l'attentat : pré-
toriens, janissaires, strélitz, soldats de tous les pays,
ont joué pendant deux mille ans avec les têtes des
rois. Triste effet du crime, lorsqu'il tombe de haut !
Sa semence est vivace et féconde, et il s'élève ensuite
pour la ruine des puissances qui n'en voulaient qu'à
leur profit.

La civilisation condensée sur les hauteurs possède
une force d'expansion qui rayonne et s'étend jusqu'à ce qu'elle ait tout éclairé ; et la civilisation, c'est
la tyrannie ou la liberté, le crime ou la vertu, la religion ou l'impiété, sortant du monopole de quelques-
uns pour se mettre au service de tous. Elle sort du
sacerdoce pour entrer dans la monarchie, et de la
royauté pour entrer dans l'aristocratie civile ou militaire. Un dernier pas lui restait à faire, elle devait
pénétrer dans le peuple, et ce résultat était inévitable.

Le protestantisme, aidé de presque tous les rois,

de presque toute la féodalité de l'Europe, suscite la
démocratie chrétienne contre la souveraineté de la
hiérarchie catholique; la révolte de la Suisse, se-
condée par les puissances rivales ou jalouses de
l'Empire, suscite la démocratie sociale contre la souveraineté et la féodalité de l'Europe. Une révolution
est à la fois un fait et une doctrine, un fait qui triomphe par le glaive des résistances matérielles, une
doctrine qui triomphe par le raisonnement des résistances intellectuelles. Sans ce double triomphe sur
la force et sur l'intelligence, toute révolution avorte.
Les puissances ne virent que le fait et l'acceptèrent
de guerre lasse. Aveugles et sans prévision, elles ne
virent pas la doctrine révolutionnaire qui, par la
paix, put étendre ses conquêtes futures devenues
légitimes par la sanction de ses conquêtes accomplies et acceptées. Tout l'avenir de l'Europe était là:
la presse, armée terrible et invincible; la plume,
glaive plus redoutable que l'épée, sapa toutes les
hiérarchies religieuses et politiques.

L'opinion, puissance née de la publicité, s'éleva
sur toutes les puissances. Dans la lutte religieuse,
elle rendit le sacerdoce impuissant contre les ennemis de la religion; dans la lutte politique, elle fas-
cina les rois assez pour les porter au secours des
peuples contre la royauté. Dès lors, ce qui n'était
pas encore accompli était déjà inévitable. L'ennemi
commun fut la stabilité; le monde se mit en marche:
ici par le progrès, révolution lente; là par la révo-

2.

lution, progrès abrupte; la démocratie combattit partout, tantôt par la parole et tantôt par l'épée. Elle hérita des droits que toutes les supériorités s'étaient arrogés avant elle, et le régicide entra avec bien d'autres crimes dans ce redoutable héritage.

Malheureusement pour les nations modernes, aucune n'avait ni mœurs, ni lois, ni littérature, qui lui appartinssent en propre; chacune d'elles puisait la science à des sources étrangères; l'éducation religieuse s'inspirait plus de la Bible que de l'Évangile; le prêtre préférait le Dieu fort au Dieu bon, celui qui brise toutes les résistances à celui qui s'insinue dans tous les cœurs. Là se trouvait un dédain profond pour la royauté; elle ne survenait qu'à cette époque de corruption où Israël ne fut plus digne du règne des patriarches, des juges et des prêtres: et quelle effroyable prédiction du règne d'un homme sur les hommes dans les paroles de Samuel! Encore, sous les rois, Saül est rejeté du trône par un prêtre, et les prophètes font sans cesse tonner la parole de Dieu sur des couronnes qu'ils réprouvent ou qu'ils brisent; et les papes interdisent les royaumes, déposent les princes, arment les peuples contre leur pouvoir.

L'instruction scientifique n'avait que deux sources, la Grèce et Rome, pays républicains, terre natale du régicide.

L'histoire écrite de la Grèce commence à l'expulsion ou au meurtre de ses rois. Les peuples étrangers soumis à leur joug sont des esclaves ou des harbares, les monarques sont des tyrans ou des despotes

Sparte conserve un simulacre de royauté; on a deux rois pour n'en avoir pas un, et les princes, premiers ilotes de la république, sont toujours en dehors des lois, entre la proscription et la mort.

Rappelez-vous le désespoir de la Grèce entière lorsque les peuples, indignes déjà de la liberté et encore impatients de la servitude, n'avaient pas assez de malédictions et de colères contre Philippe, Alexandre et leurs premiers successeurs! Rome nous apparaît avec une haine plus prononcée encore contre la monarchie. Quel triste récit nous ont transmis les historiens de ses rois et de ses triumvirs!

Malgré ce respect pieux qui entoure de prodiges, de vertus et de sacrifices le berceau de la patrie, on voit plus de haine de la tyrannie que de mépris des tyrans. Quel effroyable tableau que le règne des Tarquins! Quel noble spectacle offert au monde par ce Brutus digne de Rome et ce sénat digne de Brutus! Comme l'histoire fait vibrer toutes les cordes généreuses du cœur humain entre la tombe du despotisme expirant et le berceau de la liberté naissante!

Comme la gloire, la puissance, l'immortalité, s'amoncellent sur ce Capitole républicain! Comme un Brutus et un Caton terminent avec un patriotique courage ce grand drame de l'humanité ouvert par un autre Brutus, illustré par un autre Caton! Et voyez après, d'Auguste à Augustule, comme Rome s'éteint, comme le genre humain s'abaisse, comme la royauté s'offre dégoûtante de débauche, de rapines, d'impuissance et d'atrocité!

L'instruction politique, je veux dire le livre du monde contemporain, est souillé de pages plus hideuses encore. C'est le prêtre réprouvant la race de Clovis pour consacrer l'usurpation des Carlovingiens, c'est le prêtre déposant le fils de Charlemagne, lançant l'anathème sur Philippe et l'interdit sur son royaume.

C'est le vassal sans cesse armé contre son maître, et la féodalité en révolte ouverte et permanente contre la souveraineté, jusqu'au jour où elle fait passer le sceptre de la seconde à la troisième race. Et je n'exhume pas des jours de barbarie, quoiqu'ils soient l'unique instruction des siècles barbares.

Dans notre époque de civilisation, dans cette France classique en Europe pour l'amour de ses rois, Henri III meurt assassiné; Louis XIII, Louis XIV, chassés par la révolte, sont presque sans asile dans leur royaume; Louis XV est frappé d'un fer meurtrier.

Voilà l'esprit tel qu'il a été façonné par les livres, voilà l'homme tel qu'il a été pétri par les hommes dans la nation de l'Europe la plus renommée par l'aménité de ses mœurs, la politesse de ses manières, le peu de saillie de son caractère. Je ferais frémir si je disais toutes les calamités de la puissance dans les autres États.

On s'étonne, on s'indigne toutefois, lorsque la démocratie, héritant de ces fatales traditions, ose imiter ces funestes exemples. Il faut gémir, mais non s'étonner.

Tout est dans les décrets de la Providence ; et ici tout est encore dans l'enchaînement inévitable des choses humaines, qui déduit l'effet de la cause, et ce qui suit de ce qui précède.

Sans doute, les moyens sont différents : la démocratie, forte comme un peuple, n'a besoin ni d'une coupe empoisonnée, ni d'un poignard assassin, ni d'une révolte d'un jour.

Son émeute à elle est une révolution.

Ce n'est pas un meurtrier, c'est par un arrêt qu'elle envoie la mort. Qui n'est glacé d'angoisse et d'effroi à l'aspect de Charles Ier, de Louis XVI, devant ces corps politiques qui se transforment en bourreaux nécessaires, par cela seul qu'ils se disent juges légitimes !

Qui ne sent son cœur brisé par ces voix impassibles, faisant retentir sur tous les bancs ce cri terrible : « La mort » ? Qui ne voit que, s'il y a plus d'humanité, il y a un plus profond oubli de la puissance dans ces voix qui crient : « L'exil ! la prison » ? Telle est cependant la justice des peuples quand ils osent juger !

Et depuis cet arrêt, et sous nos yeux, quel mépris

aveugle de la royauté par les rois! Napoléon jetant du trône, ou jetant au trône, au gré de son désir, les princes qu'il craint ou les soldats qu'il aime ; Murat fusillé comme un caporal; l'Amérique répudiant ses droits ; la France qui les prend ou les chasse au souffle d'une émeute; les couronnes en suspens devant le glaive en Portugal, en Espagne, en Belgique, et le droit attendant sa consécration de la force; ces monarques qui fuient, ces princes qui mendient, ces royautés que chacun coudoie, mesure, insulte dans la rue.

Tout est éteint, et la réalité, et les mystères, et les fictions de la puissance. L'un a tué des rois, l'autre a tué des royautés; le fer, la presse, la parole, le siècle, l'état social, tout est régicide, complice du régicide, fauteur du régicide!

J. P. PAGÈS (de l'Ariége).

III

LE DUC D'AUMALE A VERSAILLES[1]

(28 mars)

Nous reproduisons l'article suivant du citoyen Ed. Vaillant, article qui nous paraît répondre d'une façon satisfaisante à une des difficultés du moment.

Le Délégué rédacteur en chef du Journal officiel,
Ch. LONGUET.

On nous assure, mais la nouvelle n'a rien d'officiel, que le duc d'Aumale serait à Versailles. Si

1. Ce titre ne figure pas en tête de l'article, mais seulement dans le sommaire du journal.

Cet odieux article ayant soulevé dans la presse une indignation générale, le *Journal officiel* crut devoir publier, dans son numéro du 31 mars, les lignes suivantes :

« On a fait grand bruit, dans la presse et ailleurs, d'un article sur le *Tyrannicide*, publié dans le *Journal officiel* du 27 mars (erreur : c'est le 28). L'esprit de parti a tenu à exagérer la portée de cette publication.

« Il est pourtant bien certain qu'étant signé, — ce qui est contraire aux usages du *Journal officiel*, — cet article

cela était vrai, c'est que de Bordeaux à Versailles le duc d'Amale n'aurait pas rencontré un citoyen.

C'est par des faits semblables que l'on voit combien le sens moral et civique s'est affaissé. Dans les

ne représentait qu'une opinion individuelle, opinion très-soutenable d'ailleurs, et qui a pour elle l'autorité non-seulement de toute l'antiquité, mais encore de modernes tels que Montesquieu, Milton, sir Philip Francis, l'auteur présumé des *Lettres de Junius*, sans parler des théologiens qui l'ont soutenue au point de vue catholique. »

L'article est sans titre, quoique la note qu'on vient de lire puisse faire croire qu'il ait pour titre *le Tyrannicide*. Il ne faut pas le confondre avec un article précédent, *le Régicide*, publié le 24 mars (v. page 14, et dans lequel l'auteur, M. Pagès de l'Ariège, explique historiquement le régicide, sans, pour cela, faire appel à l'assassinat.

Le travail théorique de M. Pagès et la note trop pratique de M. Vaillant ne tardèrent pas, du reste, à porter leurs fruits, et, le 18 mai, s'épanouissait, en tête de la cinquième colonne de la page 2 du *Journal officiel*, la lettre suivante, qui, pareille à tous les actes de démence qui ont caractérisé le règne de la Commune, peut se passer de tout commentaire !

« La *Sociale* a reçu la lettre suivante :

« Citoyen,

« En présence de la guerre impie que font à Paris républicain les monarchistes de toute couleur, légitimistes, orléanistes, napoléoniens ;

« En présence de l'acharnement que déploient contre leurs concitoyens ces hommes si couards et si plats devant l'étranger ;

républiques antiques, le tyrannicide était la loi.
Ici, une prétendue morale nomme assassinat cet
acte de justice et de nécessité.

Aux corrompus qui se plaisent dans la pourri-

« Considérant que, pour arriver à leur but, — l'exalta-
tion d'un fétiche quelconque sur le trône restauré, — ils
n'hésitent pas à bombarder nos maisons et à joncher nos
rues de cadavres;

« Convaincu qu'entre eux et nous il n'y a pas de conciliation possible, et pourtant désireux de voir un terme à
tant de calamités;

« Je reprends pour mon compte et à mes risques et fortune la proposition faite par Jean Debry à l'Assemblée lé-
gislative, le 26 août 1792;

« Je demande la formation d'un corps de mille à douze
cents volontaires, dits *tyrannicides*, lesquels se dévoueront
à combattre corps à corps, à exterminer par tous les
moyens praticables, n'importe en quelle contrée, jusqu'au
dernier rejeton de ces races royale et impériale si funestes
à la France;

« Les prétendants supprimés, les partis monarchistes
n'auront plus de raison d'être. Morte la bête, mort le venin,
et nous pourrons peut-être retrouver un peu de calme
pour panser les blessures de notre malheureuse patrie

« Si mon idée était adoptée, je tiens à honneur de
m'inscrire en tête de la légion libératrice.

« Agréez, citoyen, mon salut fraternel.

« Ce 11 mai 1871.

« JOSEPH,
« 64, rue de Clignancourt.

« Je m'inscris le second.

« BARRÉ,
« 62, même rue. »

ture monarchique, aux intrigants qui en vivent, s'unit le groupe des niais sentimentaux.

Ceux-ci déclarent que ces pauvres diables de princes ne sont pas responsables des crimes de leurs pères, de leur nom, de leur famille, pas plus que ne le serait le fils de Tropmann.

Ils oublient que le fils du forçat n'est pas condamné par l'opinion publique s'il n'est forçat lui-même ; mais, à juste titre, la défiance s'attache à celui dont la jeunesse a dû subir l'influence de si mauvais exemples, dont l'éducation première a eu un tel directeur.

De même un prince, fils de prince, qui continue à s'appeler prince, et qui, comme le d'Aumale en question, ose venir poser dans la France républicaine la question monarchique et la candidature de sa famille, excite notre colère et appelle notre justice.

Et quand même ces princes qui rêvent de nous rejeter dans l'oppression auraient été éclairés par le génie de la Révolution, ils devraient alors comprendre qu'ils ne doivent pas devenir des agents de discordes et de guerres civiles, et ils devraient se condamner eux-mêmes à aller expier dans une contrée lointaine le malheur et la honte de leur naissance.

Car il ne suffit pas qu'ils se prétendent sans ambition, — nous nous rappelons les serments et les protestations de Bonaparte ; — fussent-ils sincères, leur nom, leur présence seraient exploités par ceux que l'ambition, l'intérêt, l'intrigue, attachent à leur fortune, et, quelle que fût la volonté du prince, son influence néfaste serait la même.

De même que, dans le cours inaltérable des choses, tout élément discordant est éliminé et rien de ce qui est contre l'équilibre ne pourrait prévaloir, dans la société, tout objet de trouble dans l'ordre moral, tout obstacle à la réalisation de l'idéal de justice que poursuit la Révolution, doit être brisé.

La société n'a qu'un devoir envers les princes : la mort; elle n'est tenue qu'à une formalité : la constatation d'identité. Les d'Orléans sont en France; les Bonaparte veulent revenir : que les bons citoyens avisent!

IV

Paris, 30 *mars* 1871.

Tout mouvement politique qui ne porte pas en soi une idée nouvelle, créatrice, féconde, ou qui, portant cette idée, ne fait pas surgir aussitôt des hommes capables de la dégager et de la défendre, est condamné, même après un éclatant triomphe de la force, à avorter misérablement.

Ces hommes de réflexion profonde et d'action rapide se trouvèrent prêts aux premières journées de 1789. Aux mouvements instinctifs, tumultueux, de la foule, ils donnèrent l'âme, l'intelligence, la vie enfin; ils en firent des mouvements humains, philosophiques pour ainsi dire, et en quelques mois la foule instinctive était devenue un grand peuple, conscient de lui-même, le peuple de la Révolution.

Les Socrates accoucheurs d'idées n'ont pas manqué non plus à la révolution du 18 mars.

Après l'avoir faite, ils l'ont acclamée, défendue, démontrée. Hier elle parlait; dès aujourd'hui elle agit, et ainsi elle se démontre encore.

Les combattants du 10 août ne se bornèrent pas à proclamer la liberté, l'égalité, la fraternité; ils définirent le sens de ces grandes paroles qui, réunies dans cette triade immortelle, avaient encore pour leurs contemporains quelque chose d'étrange, de vague et d'indéterminé; ils en indiquèrent la portée et les conséquences, ils en montrèrent les applications à la vie civile et politique.

Si les révoltés du 18 mars n'avaient su, au lendemain de leur victoire, que bégayer le mot de Commune, sans déterminer dès l'abord les principes élémentaires, primordiaux, de l'organisation communale, il ne resterait peut-être aujourd'hui, de leur vaillance et de leur force, que le souvenir d'une défaite.

Pendant vingt ans peut-être ils auraient subi les outrages et les calomnies de l'histoire mensongère, comme les insurgés de juin 1848, auxquels il ne manqua pour triompher que de concevoir, même imparfaitement, la question impérieuse et redoutable qu'ils avaient sentie et posée.

Avouons-le, la tâche était moins dure aux hommes du 18 mars. Le déplorable malentendu qui, aux journées de juin, arma l'une contre l'autre deux classes toutes deux intéressées, sinon également, aux grandes réformes économiques, cette funeste méprise qui rendit la répression de juin si sanglante ne pouvait se renouveler.

Cette fois l'antagonisme n'existait pas de classe à

classe, il n'y avait pas d'autre sujet de lutte que la vieille guerre, toujours recommencée, bientôt finie sans doute, de la liberté contre l'autorité, du droit municipal et civique contre l'absorption et l'arbitraire gouvernemental.

Paris, en un mot, était prêt à se lever tout entier pour conquérir son indépendance, son autonomie; il voulait, en attendant que la nation le voulût avec lui, le *self-government*, c'est-à-dire la République.

Oh! non. ils ne calomniaient pas l'exécutif, ceux qui l'accusaient de conspirer pour la monarchie. Indigné, l'exécutif protestait de sa sincérité et de ses bonnes intentions.

Eh! que pouvaient faire au peuple de Paris les intentions de l'exécutif? Il y a quelque chose qui domine les intentions des hommes, c'est la force des choses, la logique des principes.

Centralisateur à outrance au point de priver Paris pendant des mois, et sans fixer de terme à sa déchéance de cette municipalité subordonnée, restreinte, que la tutelle gouvernementale concède aux plus modestes villages, au point de lui maintenir le stigmate avilissant que l'Empire lui avait imprimé. ce caractère honteux de ville-caravansérail qui chaque jour effaçait davantage son originalité et son génie; centralisateur par goût et par système, l'exécutif nous précipitait de nouveau, qu'il en eût ou non conscience, vers la forme la plus parfaite la plus matérielle, de la centralisation administrative et politique, vers la royauté.

Que les partisans de la République centraliste, bourgeoise, fondée sur l'antagonisme du citoyen et de l'État, du travail et du capital, de la classe moyenne et de la plèbe, que les formalistes y réfléchissent : leur utopie a toujours servi de pont à la monarchie ; c'est celle qui pendant longtemps a tué, en France, l'idée même de la République.

Aujourd'hui cette idée, abattue, se redresse plus fière et plus triomphante, arborant audacieusement son premier drapeau, ajoutant à son nom nouveau son vieux titre patronymique. Fidèle à sa tradition, consciente d'elle-même, la République est aussi la Commune.

C'est la revanche de la science et du travail, de la liberté et de l'ordre, dont la routine gouvernementale avait pendant près d'un siècle retardé l'avénement. S'élevant au-dessus des brouillards qui l'enveloppaient, débarrassée des obstacles qui lui barraient le passage, sûre de sa force, la Révolution va de nouveau, par son exemple et sa propagande répandre sur le monde la liberté, l'égalité, la justice.

V

LE DRAPEAU ROUGE

(31 mars)

Que les progrès politiques et sociaux sont lents à s'accomplir! Allons-nous voir enfin s'évanouir le spectre rouge de feu Romieu, ce vain et ridicule épouvantail des hommes paisibles, mais inintelligents, de la France entière?

Puisque le drapeau rouge est maintenant arboré sur nos monuments publics, il n'est pas inutile de dire quelques mots de son histoire. La routine et l'ignorance sont si grandes que c'est une bien grosse affaire que de changer un drapeau, fût-il souillé du sang et de la boue de Waterloo et de Sedan, et La Bruyère l'a dit excellemment : « Vous pouvez aujourd'hui ôter à cette ville ses franchises, ses droits, ses priviléges; mais, demain, ne songez pas même à réformer ses enseignes. »

Depuis le règne de Henri Ier jusqu'à celui de Charles VII, le drapeau national fut l'étendard rouge,

connu sous le nom d'oriflamme. De Charles VII à
Louis XVI, sous le régime des armées permanentes
et de la royauté absolue, le drapeau national fut le
drapeau du roi, la bannière blanche fleurde-
lisée.

En 1789, le 13 juillet, à l'hôtel de ville, Lafayette
proposa l'adoption d'un drapeau formé par l'alliance du *blanc*, couleur de la royauté, avec le *bleu*
et le *rouge*, couleurs du tiers état parisien.

Le bleu était la couleur des maîtres bourgeois
des villes, et le rouge la couleur des travailleurs.
Le bonnet phrygien du costume officiel des paysans
sous Louis XVI était rouge.

En résumé, le blanc était la couleur du roi et de
ses instruments politiques, la noblesse et le clergé;
le bleu, celle des privilégiés du régime des maîtrises
et des jurandes; le rouge, celle des travailleurs,
c'est-à-dire de l'immense majorité du peuple français.

En 1789, on crut pouvoir concilier toutes les
classes de la société, et l'on adopta le drapeau tri-
colore : ce fut une contradiction avec le principe de
l'égalité devant la loi, et une erreur bien pardonna-
ble dans une époque de transition. Mais on n'arri-
vera jamais à mêler ensemble le mercure, l'eau et
l'huile.

En 1848, comme l'a raconté Louis Blanc, le peuple comprenait qu'à de nouvelles institutions il faut
de nouveaux emblèmes. Le drapeau rouge fut de-

mandé spontanément et avec une passion où se ré-
vélait la profondeur des instincts populaires.

Lamartine, ce poëte à l'esprit faux, cet homme à
la vanité féminine et monstrueuse, l'amant de Gra-
ziella, qui, né riche, gaspilla sa fortune, et, devenu
pauvre, vécut sans dignité, et mourut trop tard,
accablé sous les aumônes d'Émile Ollivier et de
Napoléon III, osa proférer en 1848 ce mensonge
historique :

« Le drapeau rouge n'a jamais fait que le tour
du Champ-de-Mars, traîné dans le sang du peuple ! »

Aujourd'hui, le drapeau rouge flotte dans les airs!
L'application du principe de l'égalité de tous les
citoyens devant la loi politique, avec les conséquences sociales qu'il implique, finira par confondre
tous les Français dans une seule classe, celle des
travailleurs! Le peuple est devenu majeur comme
aux États-Unis, et il entend se gouverner lui-même.
Il veut que la devise : Liberté, Égalité, Fraternité!
ne soit plus un mensonge inscrit sur le fronton de
nos édifices. Une nouvelle ère commence, l'ère des
travailleurs, *novus ordo sæculorum*[1], comme disent
les Américains.

---

1. Cette devise donna lieu à un véritable tournoi d'érudition, qu'on ne s'attendait guère à voir s'engager à pareille époque. Le 1ᵉʳ avril, on lisait dans l'article de tête du
Journal des Débats :

« Le citoyen X ÷ Y termine en nous apprenant que

A nouvelle ère, nouveau drapeau! Le drapeau du travail, de la paix et de l'égalité, le drapeau rouge !

« une nouvelle ère commence, l'ère des travailleurs, *novus ordo seculorum*, comme disent les Américains. » Avant de lire ce savant article, nous étions convaincu que *novus seculorum nascitur ordo* était un hémistiche de Virgile, et nous ne nous doutions pas que ce poëte fût un Yankee; mais sans doute que nous nous trouvons à notre tour « dans un état mental tout particulier » *.

Ces lignes amenèrent, dans le numéro du 3 avril du *Journal officiel*, la réponse suivante :

« A propos de l'article historique intitulé : *le Drapeau rouge*, MM. les universitaires, forts en thèmes, qui rédigent le *Journal des Débats*, nous apprennent que l'hémistiche : *Novus seculorum nascitur ordo*, se trouve dans Virgile. Cette hémistiche est faux, et, qu'il soit d'eux ou de Virgile, nous n'y voyons aucun inconvénient.

« Mais ce que nous leur apprendrons, puisqu'ils ne le savent pas, c'est que les États-Unis, après leur immortelle déclaration d'indépendance, ont remplacé leur première devise : *Rebellion to tyrants is obedience to God*, par cette autre : *Novus ordo seculorum*, une ère nouvelle. »

Rendons justice aux connaissances prosodiques du citoyen délégué aux entre-filets de l'*Officiel*. L'hémistiche

* Allusion au passage suivant du *Journal officiel* du 31 mars :

« Plusieurs journaux reproduisent avec un empressement de mauvais goût une lettre signée Lebeau, dont la forme seule aurait dû inspirer à la presse sérieuse la plus légitime défiance. Le ton de cette lettre trahit, depuis la première ligne jusqu'à la dernière, un état mental tout particulier. »

est ainsi faux, et des plus faux. L'u de *sæculorum* doit être élidé pour la mesure. Le poëte a dit :

..... Novus sæclorum nascitur ordo,

et le rédacteur des *Débats* aurait dû mettre plus d'attention à le citer. Mais qui se serait méfié de cela sous la Commune? et où diable l'érudition va-t-elle se nicher?

Battu sur le terrain de la prosodie, le *Journal des Débats* reprit la lutte sur le terrain de l'histoire, et un « citoyen américain » y déclara, dans une lettre, que « les États-Unis n'avaient jamais eu qu'une seule devise, qui est encore la leur : *E pluribus unum.* »

Ce n'est pas tout. M. A. Édouard Portalis, épousant la querelle du *Journal officiel*, lui adressa une longue lettre, où la science héraldique la dispute à la science historique, et dont voici la conclusion : La devise *E pluribus unum* est bien celle qu'on lit sur le recto de l'écusson américain, mais au verso se trouve le *Novus ordo sæculorum*, qui, n'étant pas cité ici comme hémistiche peut conserver toutes ses lettres sans devenir *sæclorum*. Ainsi le citoyen délégué avait raison, et le citoyen américain n'avait pas tout à fait tort. Mais aussi pourquoi celui-ci n'avait-il pas pris la peine de retourner la médaille?

VI

LES ROUGES ET LES PALES

(3 avril)

On a toujours trompé le peuple; le tromper pour en vivre, c'est l'affaire des gens qui se font du lard à ses dépens et qui se pâment de bien-être pendant qu'il gèle dans les rues où leurs victimes battent la semelle sur les pavés, pendant qu'il fait faim dans les taudis où grouillent des enfants qui se blottissent comme de petits lapins pour avoir moins froid.

Pour épouvanter ces pauvres diables et leur arracher leurs sous, — et comme ils sont beaucoup sur terre, ça finit par faire des pièces blanches pour nos exploiteurs, — on leur dit que les hommes de 89, de 93 et de 48 étaient des rouges, c'est-à-dire des coupeurs de têtes, des buveurs de sang, des mangeurs de chair fraîche.

Le pauvre peuple, rivé au collier de misère, a vu de grands drames, et comme il est sur terre pour

travailler, souffrir, ruminer et entretenir un tas de
gueux, il n'a même pu apprendre à épeler chez
M. Butor, de sorte qu'il est obligé de croire ce qu'on
lui dit, puisqu'il ne peut pas lire la vérité écrite par
des hommes qui le défendent.

PAUVRES, SOYONS HOMMES!

Malgré que nous soyons poursuivis et traqués
par des ambitieux qui ne sont pas plus forts que
nous, — oh! non! ce serait humiliant de penser
cela, ils sont plus lâches, voilà tout, — nous ne
cesserons pas de vous dire la vérité et de l'écrire :
donc que ceux qui savent lire réunissent leurs voisins chez eux et leur fassent la lecture. En même
temps qu'ils se réchaufferont par l'union, ils s'in-
struiront par la pensée.

Sans grandes phrases, sans tourner vingt-quatre
heures autour du sujet, je vais vous dire la différence qu'il y a entre les pâles et les rouges; et
quand vous aurez lu, nous verrons ceux que vous
préférez.

Cependant, ça n'est pas sans chagrin que je me
vois obligé de vous prouver une fois de plus qu'on
vous a trompés, qu'on vous trompe et qu'on vous
trompera longtemps encore, si vous persistez dans
votre ignorance, si vous subissez tout soit par
crainte ou par tolérance, si vous êtes humiliés de

votre misère et que vous croyiez que vous n'êtes pas
des hommes parce que vous êtes pauvres!

ALLONS DONC, MISÉRABLES!

Allons donc, misérables! vous êtes la grande famille de la terre; vous êtes nombreux comme les
épis de blé; vous êtes larges, solides, bien plantés
comme les chênes; vous n'avez qu'à vous prendre
par la main et à danser en rond autour de ce qui
vous gêne pour l'étouffer. Faut-il donc vous aiguil-
lonner, vous pousser par vos flancs creux, vous
exciter comme les bœufs à la charrue, pour vous faire
aller de l'avant et vous forcer à marcher vers l'avenir qui doit vous sauver?

Allons donc, misérables! si vous avez trop de
crasse sur vos camisoles de force, trop de clous à vos
colliers; si vous avez la poussière des siècles sur
vos besaces, les toiles d'araignée de la misère sur
vos sacs, secouez-vous! Frémissez! Faites trembler
votre peau comme les chevaux quand on les cingle,
et la crasse et la poussière et les toiles d'araignée
iront çà et là s'étaler sur les beaux habits, sur
les chapeaux à plumes, sur les chamarrures, les
manteaux d'hermine des gueux de la haute, qui
brillent comme des soleils en exploitant votre misère et votre inertie.

Vous le voyez bien, l'égalité ne tient qu'à un coup
d'épaule!...

. . . .

. . . .

Maintenant voyons un peu les rouges et les pâles,
deux espèces d'hommes qui ne boivent pas, ne
mangent pas et ne pensent pas de même Tout cela
peut paraître monstrueux, mais vous allez voir que
je dis vrai : d'abord vous n'avez pas le droit d'en
douter.

Les Rouges.

Des hommes de mœurs douces et paisibles, qui se
mettent au service de l'humanité quand les affaires
de ce monde sont embrouillées, et qui s'en reviennent sans orgueil et sans ambition reprendre le
marteau, la plume ou la charrue. Ils s'habillent
comme vous : ils portent une limousine ou un manteau de gros drap quand il fait froid, une simple
cotte ou une vareuse quand il fait chaud; ils habitent
comme tout le monde, n'importe où; ils vivent
comme ils peuvent, ils mangent parce qu'il faut
vivre.

Les Pâles.

Des hommes de mœurs frivoles et tapageuses,
qui intriguent, cumulent les emplois et embrouillent
les affaires de ce monde Pétris d'orgueil et d'ambition, ils se drapent dans leur infamie et font la

roue sur les coussins moelleux des voitures armo-
riées qui les transportent de la cour d'assises au
bagne du tripot Ils ne s'habillent point parce que
les mœurs et la température l'exigent, ils se costu-
ment pour vous éblouir et vous faire croire qu'ils
ne sont pas de chair et d'os comme vous ; leur vie
est un éternel carnaval : ils ont des culottes courtes
pour aller à tel bal, des pantalons à bandes dorées
pour aller à tel autre ; ils ont des habits vert pomme
brodés sur toutes les coutures, des chapeaux à
cornes ornés de plumes. Je vous demande un peu
si tout cela n'est pas une vraie comédie, si ce n'est
point une éternelle descente de la Courtille.

Ils n'habitent point, ceux-là, ils demeurent dans
des hôtels : tout y est d'or, de marbre, de velours,
tout y est doré sur tranches, depuis les meubles jusqu'aux larbins. Ils ont depuis des valets de pieds
jusqu'à des donneurs de lavements.

Leurs chevaux sont mieux vêtus que nous, leurs
chiens sont mieux nourris et mieux soignés que vos
enfants. Il est cent mille pauvres en France qui seraient heureux de demeurer dans les écuries de
leurs chevaux ou dans les niches de leurs chiens.

Les pâles ne mangent pas parce qu'il faut vivre,
non ; ce sont des goinfres pour lesquels il existe des
Chabot qu'on décore parce qu'ils ont trouvé l'art
d'assaisonner une truffe ; des goinfres pour lesquels
un Vatel se brûle la cervelle quand sa sauce n'est
pas dorée à point.

1.

Les Rouges.

Ceux-là ne veulent plus que vous payiez des impôts pour entretenir les autres. ceux là ne veulent plus qu'il y ait des casernes et des soldats, parce que n'étant pas les ennemis du peuple ils ne le craignent pas; ils savent, ceux-là, que le peuple se fait armée quand ses frontières sont menacées.

Ils veulent que vous ayez votre part d'air et de soleil, que nous ayons tous également chaud et que nous ne mourions pas d'inanition à côté de ceux qui crèvent d'indigestion.

Ils veulent qu'il n'y ait plus de terres en friche, de pieds sans sabots, de huches sans pain, de pauvres sans lit, d'enfants sans nourrices, de foyers sans feu, de vieux sans vêtements.

Ils veulent que les lois soient les mêmes pour tous, qu'on ne dise plus aux victimes qu'il faut être riche pour poursuivre les coupables.

Ils veulent la liberté, c'est-à-dire le droit de travailler, de penser, d'écrire, d'être homme, d'élever ses enfants, de les nourrir, de les instruire, d'en faire des citoyens

Ils veulent le droit de vivre enfin!

Ils veulent l'égalité, c'est-à-dire qu'il n'est pas d'hommes au-dessus des autres, que nous naissons tous et mourons de même, que les titres sont des injures faites à la dignité de l'homme, que deux enfants couchés dans le même berceau n'ont pas sur le front de marques distinctives. Ils veulent l'égalité dans l'instruction, l'égalité dont la nature a prouvé l'existence par la naissance et la mort des hommes

Ils veulent la fraternité, les rouges! la fraternité entre les peuples, sans esprit de nationalité, sans préjugés de religion, sans différence de ciel. Ils veulent que le fort secoure le faible, que le vieillard conseille l'enfant, que le jeune homme protége le vieillard.

Ils ne veulent plus qu'il y ait des bureaux de bienfaisance et des huches de charité : le bureau de bienfaisance doit être l'humanité tout entière, la huche de charité doit être chez tous les citoyens.

Ils veulent la fraternité, parce que c'est le point de départ de la liberté et de l'égalité.

Les Pâles.

Les pâles, au contraire, veulent que vous soyez surchargés d'impôts et que vous les payiez sans dire ouf! Ils arrachent des bras à la terre, ils appauvrissent votre agriculture et vous prennent vos enfants parce qu'il leur faut des soldats pour faire exécuter leurs volontés et vous obliger à vous courber sous le joug. Et ce sont vos fils qu'ils chargent de cette infâme besogne! et ce sont vos fils qui deviennent vos bourreaux !

Ils veulent que la terre leur appartienne et que

vous n'ayez sous le soleil qu'un petit recoin sombre
et isolé, de quoi juste vous y coucher vous et les
vôtres en tas, comme les chiens dans un chenil. Ils
veulent que leur dorure brille seule, et que vos hail-
lons ne prennent pas plus l'air que votre poitrine.
que votre front, que votre esprit!

Ils veulent être inviolables et pirouetter odieuse-
ment en face de la justice sans qu'elle ose leur poser le grappin dessus. Ils veulent vous mener
comme des bêtes de somme et vous bâtonner si vous
ruez, et vous assommer si vous cherchez à mordre.
La justice n'a une balance que pour vous, les pâles
n'entendent pas qu'on les pèse!

Ils ne veulent pas la liberté, parce qu'il leur faut
des serfs; parce que nos libertés ont un prix, et
qu'ils sont assez riches pour en acheter ; parce qu'ils
n'entendent pas que vos enfants s'instruisent avec
les leurs sur les bancs d'un même collége; parce
qu'ils veulent conserver le monopole des titres et
des emplois. du droit de vivre et de vous étouffer.

Ils ne veulent pas de l'égalité, parce qu'ils rougi-
raient de vivre de votre vie, de porter vos hardes et
de s'appeler simplement : Pierre Nature, au lieu
de : Richard de la Pétaudière

Ils veulent que leurs enfants en venant au monde
aient l'air d'être une goutte de lait tombée des lèvres de la Vierge, tandis que les vôtres ne seraient
qu'une boule de chair extirpée des entrailles d'une
mauvaise femelle.

Ils ne veulent pas l'égalité, parce qu'il est question chez les pâles de petits pieds roses et de petites mains blanches; que les petits pieds ne sont point faits pour marcher, que les petites mains ne sont point faites pour travailler. Je m'étonne même que ces gens-là n'aient pas exigé que nous les encadrions dans des niches à Jésus et que nous allions les adorer trois ou quatre heures par jour, histoire de leur lécher les pieds, car ils ne souffriraient même pas que nous les embrassions; pour les femmes des pâles, nous ne sommes pas des hommes : aussi n'hésitent-elles pas à se mettre au bain devant celui qui les coiffe.

Ils ne veulent point de la fraternité, parce qu'ils se sont faits les apôtres de la guerre, du despotisme, de la discorde; parce que c'est dans nos troubles, dans nos calamités, qu'ils ont ramassé leurs parchemins et qu'ils ont trouvé à se faire coudre de l'or sur leurs habits, à se fabriquer des couronnes, à se tailler des manteaux de pourpre et d'hermine, couleur du sang et de l'innocence de leurs victimes.

Les Rouges.

Ceux-là ont fait 89 pour rendre aux hommes leurs droits et leur dignité; leur révolution fut sociale et humaine. Ils ont rasé la Bastille, où gueux et grands seigneurs avaient souffert; ils ont proclamé la République et tendu la main à tous les peuples; ils

ont repoussé les barbares avec des enfants sans expérience, sans pain et sans souliers, avec de pauvres
diables qu'on voulait parquer comme des bêtes, et
qui avaient justement des cœurs de héros.

Ils ont fait 1830 et 48 .. Il paraît qu'ils font ce
qu'ils veulent quand ils s'y mettent! Les pâles, qui
ne sont forts et arrogants qu'aux soirs d'émeutes,
prennent vite la poudre d'escampette quand la colère des rouges s'affirme par une révolution.

Les Pâles.

Ceux-là sont les héritiers des Attila, des Charlemagne, des Louis XIV ; ils cherchent à perpétuer
les vices des uns et les crimes des autres. Ils ont
quatorze siècles de tyrannie dans les veines; des
crimes par-dessus la tête; des oubliettes, des cadavres, des remords sur la conscience. Nous avons
un 89 sur le front; eux, ils n'ont que les croix de
sang de leur Saint-Barthélemy.

Ils marchent sournoisement la dague au poing,
la fourberie dans les yeux, le coup d'État sur les
lèvres !

Les Rouges

On vous dira que j'écris du mal des gens qui ne
sont pas nos semblables, Dieu merci ! que j'excite à
la haine et au mépris des citoyens les uns contre les
autres, comme si les pâles étaient des citoyens!

On vous dira que j'offense ceux qui règnent, leurs amis, leurs complices et ceux qui se vautrent comme eux ; que je fais l'apologie de la Révolution, et que je provoque à commettre un ou plusieurs crimes.

Je sais tout cela, on me l'a dit plusieurs fois déjà sur papier timbré, et ça m'a moins alarmé qu'un commandement de propriétaire

Laissez-les faire et dire : laissez-les nous condamner .. Mes vrais juges, c'est vous

Est-ce que je dis du mal des pâles ? Non, je dis des vérités, voilà tout... Est-ce que j'excite les citoyens à se mépriser, puisque je prêche la fraternité entre les peuples ?...

Quant à la Révolution, oui, j'en fais l'apologie, parce que j'ai horreur des émeutes, des humiliations qui s'ensuivent, des persécutions dont les innocents sont victimes ; parce qu'il est des situations d'où la Révolution peut seule nous sortir ; mais le lendemain je veux la paix avec la République, la paix universelle et le bonheur de tous !

Et comme les autres veulent le mal, voilà pourquoi nous sommes poursuivis et condamnés.

Voyons, n'est-ce pas que je ne mens pas ? N'est-ce pas que les pâles sont une espèce odieuse, et que les rouges seuls sont les vrais hommes ?... Mais dites-le-vous, écrivez-le ; que vos amis de province, que vos parents de la campagne, ne les confondent point, comme le voudraient le maire et le curé, les rois et

le pape, avec ceux qui ont ensanglanté la terre.
qui ont pillé les maisons, violé les filles, brûlé les
blés!

Dites-leur que les pâles sont les dévorants de
chair humaine, et que les rouges sont les mangeurs
de pain.

Dites-leur enfin que les pauvres, les travailleurs,
les honnêtes gens, sont des rouges; que vous en
êtes, que la nature en est, que Lamennais et Proud-
hon en étaient, et que Dieu s'il existait, serait avec
nous !!...

J.-B. CLÉMENT.

VII

UNE PAGE D'HISTOIRE

(4 avril)

La grande révolution polique et sociale qui vient de s'accomplir à Paris a produit en France, et surtout à l'étranger, une immense stupeur ; ce sera, dirait Mme de Staël, l'étonnement des siècles futurs.

Après l'effondrement d'un pouvoir dont le chef n'était que la personnification de tous les vices, et qui, établi par la violence et la cruauté, ne pouvait se maintenir que par l'abrutissement et la corruption, où l'honneur n'était plus qu'un mot admis à peine au théâtre, le monde entier avait désespéré de la France : son temps, disait-on, était fini.

Pendant vingt ans l'Empire s'était ainsi consolidé. Au milieu des fêtes et des plaisirs, les complices du Deux-Décembre avaient fini par faire oublier leur sanglante origine. On riait de celui qui mourait de faim à côté de ces orgies. On étouffait la voix de l'homme courageux qui voulait tenter de rappeler la France au sentiment de son honneur et de sa dignité. C'était l'apogée de l'égoïsme et de la corruption. Tout à coup les lauriers du conquérant des Gaules empêchent de dormir l'auteur de la *Vie de César*. Sur un signe du maître, la France est jetée dans cette horrible entreprise qui nous montra à Sedan que le courage et la valeur militaire du nouveau César étaient à la hauteur de sa valeur morale et politique.

Ce dernier outrage, cette dernière honte, semblent secouer la torpeur de la France. Partout retentissent les cris de : Vive la République! La colère et l'indignation soulèvent tous les cœurs. Les grands sentiments ne sont pas encore éteints. Chacun vient s'offrir au salut de la patrie. Quelques ambitieux, quelques soudoyés de prétendants, s'emparent du gouvernement, et, trop confiante, la France s'abandonne tout entière à eux. Hélas! la capitulation de Paris, plus froidement et plus honteusement préparée, devient le digne corollaire de Sedan. Toute la France est plongée dans la terreur. Partout l'on demande la paix à tout prix, et l'Assemblée nationale est nommée pour signer la paix : la paix est signée.

Le gouvernement dit de la Défense nationale avait fini son rôle, le mandat de l'Assemblée était terminé.

Trompé depuis si longtemps, Paris voulut se réserver une garantie matérielle pour se faire respecter de ceux qui avaient si indignement abusé de sa confiance. Les habitants des faubourgs voulurent conserver les armes et les canons qu'ils avaient si bien payés de leur sang et de leur argent.

Le Gouvernement de la Défense nationale et l'Assemblée craignirent, comme tous ceux qui ont entre les mains un pouvoir usurpé, la puissance du peuple armé, et préférèrent déchaîner la guerre civile sur la France que de renoncer à un pouvoir qui ne leur appartenait plus et de faire droit aux justes désirs du peuple de Paris. Mais la coupe était pleine : deux cent quinze bataillons de la garde nationale nommèrent des délégués qui formèrent ce grand corps dont tous les membres étaient intimement liés et qui s'appela Comité central. On avait ri des prétentions des habitants de Montmartre, on rit de nouveau du Comité central.

La presse, qui n'était plus que l'expression de la décadence de la France, lança d'abord contre ce fameux comité les plus basses plaisanteries, puis on l'attaqua avec une violence inouïe, ensuite on discuta ses actes, enfin l'on vit ses adversaires les plus déclarés se rallier à lui, et, lorsque cette réunion de citoyens dévoués, une fois leur tâche patriotique terminée, se retira dans l'ombre comme ils en étaient sortis huit jours auparavant, il y eut un mouvement de stupeur et d'admiration universelles. On crut sortir d'un long rêve. La révolution sociale était accomplie : Paris se relevait d'un seul coup de vingt années d'abaissement.

Aujourd'hui, la Commune est là! Paris, ce centre

d'énergie, de patriotisme et d'intelligence, vient encore une fois de relever et de régénérer la France. Par ses soins, le suffrage universel, cette arme si puissante, mais si dangereuse entre les mains de ceux qui n'avaient jamais appris à s'en servir, deviendra pour le pays, instruit et éclairé, la garantie et la sauvegarde de la liberté. Une fois encore, Paris aura sauvé la France.

PAUL VAPEREAU.

VIII

FAC-SIMILE

DE LA

LETTRE DES PROPRIÉTAIRES DE PARIS

A SON EXCELLENCE M. THIERS

COURTIER EN ROYAUTÉS, A VERSAILLES

(1 avril)

Excellence,

C'est la mort dans l'âme que nous venons nous prosterner au pied des marches du trône que vous deviez nous donner.

Pourquoi avoir tant tardé, Excellence?

La Commune de Paris, cette poignée de factieux (entre nous, ils sont plusieurs centaines de mille!), a lancé un décret par lequel les ouvriers sont libérés des travaux forcés auxquels nous les condamnions pour quelques années.

Vous ne ratifierez pas ce décret, bonne Excellence?

5.

Savez-vous ce que l'on nous demande à nous, vos
protégés? mais c'est la ruine du pauvre millionnaire!... — Vous qui êtes membre du Gouvernement, chef du Pouvoir exécutif, — conséquemment
forcé d'exonérer les riches de toutes les lois d'en-
trées, contributions, impositions ou autres décrets
bien sentis que l'on peut mettre sur la classe ouvrière;
— vous qui avez travaillé sur tous les tréteaux de
toutes les parades monarchiques, voire même sur
l'impériale;—avec correspondance pour la République adaptée à la Royauté ; — vous qui possédez tant
de tours dans la poche des vestes que vous avez re-
tournées, donnez-nous donc un petit conseil!

Paris ville libre, brave Excellence, comprenez-
vous? — Ah! c'est la fortune pour le prolétaire, la
réduction des loyers. Ah!... c'est la mort du malheureux millionnaire, du spéculateur, du boursi-
cotier, des huissiers et des curés... C'est le métier de
propriétaire mis au rang de celui des filles à marier
pendant l'état de siége... Il va y avoir une morte
saison fabuleuse! Neuf mois de perte sèche! C'est
un terme, disent les bonnes femmes, qui rient sous
cape. — Ah! excellente Excellence, ça n'est pas
pour vous en faire un reproche, mais, sous l'Empire, votre entourage comprenait mieux l'utilité de
notre férule. — Et Trochu qui nous faisait entendre
qu'il battrait les Parisiens comme des cartes, et qu'il
retournerait le roi, le grand roi, successeur de son
père, entrevu dans vos rèves! De ces promesses, la

Commune retranche tout, il ne reste pas un *tiers*. Protégez-nous, grande Excellence, contre ces maudits ouvriers, la source de nos richesses et des biens qui vous gonflent, vous autres gros bonnets.

— Et la conscription abolie, qu'en dites-vous, Excellence?

Au début du siége, prévoyant ce qui allait se passer, nous avions formé un corps de francs-fileurs qui mettait la caisse et le ventre à l'abri, exemptait des gardes, services et autres devoirs patriotiques plus ou moins éreintants réservés à la vile multitude... Nous rentrons à Paris, pourvus d'une mine florissante; nous voulons examiner ce populo infect qui avait crevé la faim, que vous autres, experts, vous vous entendez si bien à lui faire endurer quand vous voulez le réduire à capitulation de tous genres; nous exhibons nos quittances aux imbéciles, qui, à la vérité, ont parfaitement défendu nos propriétés et les ont maintenues en parfait état, nous réclamons de l'argent... Le croiriez-vous, Excellence? Corrompus par les doctrines du Père Duchêne, ils nous crient : Du flan! nous traitent de jean-foutres... et veulent nous forcer à prendre un fusil. Risquer de nous faire blesser en maniant ces armes brutales, ah! bonne Excellence!... On nous incorpore de force pour défendre la propriété de nos voisins! Mais à quoi sert d'avoir des locataires?

Cette conscription abolie, c'est l'égalité telle qu'ils la comprennent.

Qu'est ce que ça nous faisait à nous la conscription? Pourquoi lui en aurions-nous voulu à la conscription? Ça ne pouvait jamais atteindre nos enfants... Avec deux ou trois méchants billets de mille, qu'était-ce qu'un mauvais numéro? C'était fait pour le peuple, cette loi-là! Mais alors il n'y a plus de bénéfice d'être riche!

Voyez-vous d'ici cet ouvrier, cet être infime, qui veut vivre de son travail, récolter le produit de son labeur et de son intelligence! Ces gens-là ont des idées capables de renverser la société tout entière! Ça marchait si bien, Excellence! — Quoi! l'ouvrier ne consentirait plus à payer la paresse et les vices d'une dynastie qui ne lui demande pas autre chose? l'ouvrier s'instruirait?... Horreur! Il saurait discuter ses intérêts contre les nôtres?... Malédiction! Il fonderait des Invalides civils et deviendrait peut-être propriétaire par le fruit de ses économies?... Ah!!!

Mais révoltez-vous donc, Excellence!

Excellence, c'est de vous qui étiez si grand, qui êtes si petit! que les soussignés implorent une réponse.

Suivent les signatures.

Pour copie conforme du principal :

FLORISS PIRAUX.

IX

CHOUANS ET GIRONDINS

(7 avril)

Trêve aux discussions philosophiques et sociales!
Trêve au travail! Trêve à l'étude!

Le temps, hélas! est à la politique, et, ce qu'il y
a de plus triste dans la politique, à la guerre, et, ce
qu'il y a de plus horrible dans la guerre, à la guerre
civile.

Chouans et girondins! Lesquels sont les pires?
Ils se valent. Voilà quatre-vingts ans que leurs
mains se cherchent : elles se sont enfin rejointes. Les
mouchards de l'Empire ont consacré l'union.

Ne vous souvient-il pas, fédérés parisiens, d'une
certaine prophétie tombée un jour de la tribune de
la Convention?

La Gironde fut le monstre qui vomit ce nouveau
Jonas. C'était à la veille du 31 mai. La Commune
venait demander justice à l'Assemblée à propos de
l'arrestation de deux de ses membres les plus in-

fluents. Isnard, qui présidait, fit à la députation cette mémorable réponse : « Magistrats du peuple, il est urgent que vous entendiez des vérités importantes. Si la représentation nationale était violée par une de ces conspirations dont nous avons été entourés depuis le 10 mars, *je le déclare au nom de la République, Paris éprouverait la vengeance de la France et serait rayé de la liste des cités.* »

Ah! niez donc l'immutabilité des lois de l'évolution humaine! Comme les situations analogues reproduisent les mêmes scélérats!

Après Isnard menaçant Paris et la Commune de la destruction, écoutez Jules Favre vomissant contre eux tout le venin et le fiel concentrés dans sa poitrine de chouan et de girondin.

« Comment appelle-t-on l'état de Paris? Mais c'est le vol, le pillage organisé... Tenez! laissez-moi épancher mon cœur! Quand j'ai été à Versailles pour l'armistice, j'ai lutté trois jours contre le vainqueur pour laisser ses armes à la garde nationale. *J'ai eu tort. J'en demande pardon à Dieu et aux hommes!...* Non! pas de faiblesse, pas de conciliation! Nous sommes décidés à faire justice des misérables qui siégent à l'Hôtel de Ville! »

Citer de pareilles infamies en dit plus que toutes les appréciations.

Cette fois, l'entreprise a suivi de près la menace.

Mais quoi! Paris n'est pas si facile à réduire en cendres. En attendant, on se rabat sur un pauvre village Neuilly saigne encore des blessures faites par la guerre étrangère; les trous de ses toits sont béants, les murs à peine étayés.

Qu'importe aux Jules Favre? qu'importe aux Thiers et aux Picard? A nous les zouaves de Mentana; à nous les assommeurs de Piétri, les chouans de Charrette et de Cathelineau, et tout ce que la France a pu vomir d'égorgeurs et d'assassins, y compris les forçats de Brest et de Toulon! Bombardez, brûlez, mitraillez, sans prévenir, sans crier gare! — C'est mieux!

Un enfant rit dans les bras de sa mère: tuez-le! Une troupe de jeunes filles sort de l'église: massacrez-les! Comme une grappe d'abeilles qu'on écrase du pied, les voilà broyées à terre. Quel succès, mes braves, et comme le Dieu des armées doit aspirer avec joie la moite vapeur de cette hécatombe!

Et ces gardes nationaux qui, pendant cinq mois, ont gardé la cité, combattu l'étranger et sauvé l'honneur: canonnez-les! Faites des veuves et des orphelins! Les Prussiens et la maladie n'en ont pas assez peuplé la ville.

Les Prussiens! mais comment donc, illustre Ducrot, valeureux capitaine, jamais vous ne les avez si rudement combattus. Jamais vous n'aviez su diriger contre eux ces canonnades sérieuses dont ils vous avaient cependant enseigné l'efficacité. Vous gardiez cela pour nous autres! Ah! malheur aux vaincus!

Mais je m'arrête. La plume a peine à suivre le bouillonnement de la haine et de la colère qui débordent....

A. REGNARD.

X

LE PEUPLE EST BON

(10 avril)

Il a le droit pour lui, il est la force. Mais long-temps encore il restera dupe et victime, car, dans ce combat de chaque jour qui est la vie, il se laisse prendre à tous les lacs, va donner tête baissée dans tous les piéges. Il est bon jusqu'à la naïveté, jusqu'à l'abnégation, jusqu'à la folie.

Son grand cœur bat à l'unisson de tout ce qui émeut et passionne. Pour une phrase bien faite, un mot heureux, un geste fier, il se donnera tout en-tier, sans compter ni réfléchir.

Vous le savez bien, ô gouvernants!

Le peuple est bon!

Chaque fois que, dans ses grands jours de colère et de justice, on lui montre un vieillard moribond, une femme éplorée, un enfant qui sourit, il oublie le crime qu'il venait punir, le sang répandu, l'in-

6

famie commise; tout de suite il s'attendrit et par
donne....

Vous le savez bien, ô royalistes! vous qui, depuis bientôt un siècle, avez fait verser sur Louis XVI,
sur l'Autrichienne et le petit Capet tout un déluge
de larmes...

Pourrissez sans regret et sans mémoire, mitraillés
de Nancy, morts glorieux du 10 août, et vous aussi,
volontaires de 92, qui, accourus à l'appel désespéré
de la patrie agonisante, défendîtes son sol sacré. Ce
n'est pas vous qui fûtes martyrs, ce n'est pas vous
qui fûtes grands, ce n'est pas vous qu'il faut hono-
rer!...

Vous étiez du peuple... et le lot du peuple est
de souffrir sans se plaindre; c'est son métier de
mourir!

Le peuple est bon!

C'est lui l'agneau de l'éternel sacrifice. De lui-
même il se livre et tend la gorge au couteau du
boucher.

C'est de sa chair qu'on bâtit, c'est de son sang
qu'on cimente ces choses qui dominent et mènent
le monde : gloire, richesse, industrie. Soldat du
travail, artisan de la victoire, on le chasse à l'heure
du triomphe. D'autres s'installent dans l'édifice qu'il
a construit. Et si, d'aventure, il sort de ce peuple
un homme qui résiste et veut justice, on le fait fusiller par son frère, un soldat qui ne sait pas.

Et c'est pour cette immense bonté que nous t'aimons, ô peuple, éternelle victime, grand immolé! En te voyant si doux, nous nous sommes donné à toi corps et âme, dussions-nous rouler ensemble dans l'abîme de la défaite et dans la nuit du tombeau !

HENRI BELLANGER.

XI

LA MANIFESTATION DU 8 OCTOBRE

ÉPISODE DU SIÈGE DE PARIS

(11 avril)

A deux heures moins le quart, le clairon sonne sur le quai. C'est le 8ᵉ bataillon qui s'avance au pas accéléré. Je cherche des yeux des amis, et je ne les trouve pas. La troupe franchit le Pont-Neuf, le quai de la Ferraille, la place du Châtelet, la rue de Rivoli, la Grève. Elle se range le long de l'hôtel de ville, l'arme au pied, la baïonnette au fourreau. Derrière elle, des gardes mobiles de province occupent les marches de l'escalier, le chassepot au bras. Les portes, sauf une, sont fermées. Peu de visages aux fenêtres.

Une foule immense couvre la Grève, le quai, les trottoirs, la rue de Rivoli. Suivant l'invitation reçue la veille, on est sans armes, on est confiant. A chaque instant, les képis et les bras se lèvent. Une formidable acclamation éclate sur toute la ligne : *Vive la Commune!* Les réactionnaires répondent : « *Vive la République!* Il ne faut pas de division ; il faut soutenir le gouvernement, après nous verrons ; pour le moment, il ne faut songer qu'aux Prussiens. »

Eh! c'est précisément pour repousser les Prussiens que nous voulons la Commune, pour que tout le monde marche, qu'on ait du pain et des armes. Il faut pousser le gouvernement ; faible, le fortifier ; irrésolu, le forcer d'agir. Si les réactionnaires de toutes les nuances ont aujourd'hui pour mot d'ordre *Vive la République!* c'est qu'ils savent qu'il n'est pas encore temps de crier *Vive le Roi!* Ils savent qu'avec la Commune, la République pourrait se défendre ; qu'avec elle, on ne se contenterait plus du mot, on voudrait la chose ; qu'avec elle, on serait obligé de marcher, obligé de se battre, obligé de mourir... Ah! vous criez *Vive la République!* Vous voulez refaire Juin, n'est-ce pas? Vous voulez nous fusiller, nous mitrailler et nous envoyer à Cayenne, quand vous aurez capitulé avec les Prussiens! Non, mille fois non, vous n'y réussirez pas. Vous n'escamoterez pas la Révolution! Vive la Commune! Vive la Commune !

Et dix fois, vingt fois, cent fois, on va de groupe en groupe, fermant la bouche aux réactionnaires, beaux parleurs qui conseillent aux ouvriers de s'en aller et de revenir *plus tard* en apportant une pétition. Nous savons ce qu'on en fait de ces pétitions-là. Les cartons des ministères nous l'apprendraient au besoin.

Du haut de leurs niches de pierre, les vieux prévôts des marchands et les vieux évêques Aubriot et Juvénal des Ursins, Eudes, Maurice de Sully, Etienne Boyleaux, dans leurs bizarres costumes, avec leurs mitres et leurs chaperons immobiles et noirs, planent sur cet océan de têtes humaines et sur ce bruit. Henri IV à cheval, au-dessous de l'inscription *Liberté, Égalité, Fraternité*, semble rire ironiquement de cette émotion populaire, dont il a triomphé en son temps avec des cabrioles et des bons mots.

Une vieille dame m'arrête sur le trottoir : c'est M^{ne} *Eckermann*, si j'ai bien entendu. Son mari a longtemps habité Berlin; il a travaillé à l'éducation du prince royal de Prusse.... Ces Prussiens sont des hommes d'une persistance, d'une ténacité terrible.... Ne craignez-vous pas que la Commune n'entrave la défense, qu'elle ne soit une cause de division, qu'elle n'effraye les gens timides?... — Non, madame, elle seule peut nous sauver.... Et je recommence ma démonstration.

Enfin, voici des amis, des hommes de mon bataillon, surtout C.... Si les Prussiens ou les réactionnaires ne lui crèvent pas la poitrine avec leurs balles, ce garçon-là fera parler de lui.

Il se multiplie, il court, il crie, encourage ceux-ci, ferme la bouche à ceux-là.... Je le perds de vue. Un instant après, une clameur énorme me fait tourner la tête vers la façade de l'Hôtel de ville, deux pancartes blanches, portant chacun cette inscription au crayon bleu :

La Commune !

Les fusils sont une menace !

apparaissent au bout d'une canne et d'un parapluie. Des citoyens les promènent aux acclamations de la foule, sur le front du 84e bataillon.

Un homme sort des rangs : on applaudit avec transport. Les gardes nationaux mettent la crosse en l'air : *Vive la République ! Vive la Commune !* On bat des mains, on trépigne, on se croit au but...

Ferry se montre à l'une des fenêtres; Rochefort regarde, dissimulé dans une embrasure, d'un air embarrassé; Jules Favre et Picard sont accoudés à une balustrade d'un étage supérieur, et peuvent se rendre un compte exact des scènes dont la place est le théâtre; beaucoup de tumulte et de bruit; aucune menace.

Deux heures et demie : mouvement à gauche dans la rue de Rivoli. Un groupe de cavaliers fend la foule : c'est Trochu, suivi de Tamisier et de plusieurs aides de camp; des gardes nationaux à cheval, quatre dragons et quatre gendarmes les escortent. On les salue, mais on crie : *Vive la Commune !*

Trochu prononce quelques mots qui ne nous arrivent pas; il passe le long de l'Hôtel de ville au milieu de clameurs contradictoires, puis sur le quai, en-

touré par la foule qui le questionne et le presse de
céder. Il reste sourd à toute instance et ne répond
pas aux saluts. On nous affirme qu'il aurait dit :
« Pas de Commune ! Au rempart ! »

Des coups de canon dans le lointain (trois heures
moins dix). D'ici, au milieu de cette foule, le reten-
tissement des détonations paraît singulièrement lugubre. Si les Prussiens allaient prendre ce moment
pour nous attaquer !

Le temps passe, les discussions continuent, on
ne fait rien. Cela devient inquiétant. Belleville va
bientôt arriver, Belleville arrive, répète-t-on, — et
Belleville ne paraît pas.

Les groupes contraires à la Commune se multiplient. Des orateurs suspects pérorent sur le trottoir : ce sont les mêmes blouses blanches, les mêmes
figures de sergents de ville, les mêmes têtes de
mouchards ; qui disait donc que Kératry s'en allait ? Ils deviennent nombreux. Ils crient : *A bas la
Commune !* et *Vive la République !* C'est décidément
le mot de la journée.

On entend le tambour : les bataillons des quar-
tiers riches vont venir... Un détachement du corps
auxiliaire du génie prend position en travers sur la
place.

Au milieu d'un groupe épais, un individu à cha-
peau noir et à longues moustaches traite l'un de
nous de *Prussien*, d'*agent de Guillaume*, de *rendu
à Bismarck...* Protestations, bousculade...

Voici Tamisier qui débouche une seconde fois avec des gardes nationaux à cheval à l'entrée de la Grève. D'abord, n'entendant crier autour de lui que : *Vive la Commune!* il répète trois fois ce cri. Puis, parvenu au milieu de groupes hostiles à la manifestation, il ne crie plus que : *Vive la République!* Le vieux général a peine à fendre la foule. Il paraît ahuri et accablé; il découvre ses cheveux blancs et réclame du geste le silence. Les gardes de son escorte le troublent eux-mêmes en criant contre la Commune. Enfin il place quelques mots. Il parle des Prussiens, du rempart, de marcher à l'ennemi, de désencombrer la place. « Et pour y parvenir, ajoute-t-il, puisque vous êtes de mon avis (Oui! — Non! — Oui!), venez tous avec moi à l'ennemi! Vive la République! En vain nous crions : Vive la Commune républicaine! en vain quelqu'un ajoute indigné : C'est une manœuvre! Tamisier entraîne derrière lui les bourgeois réactionnaires et les ignorants trompés. Ces derniers croient aller au rempart. Le général les quitte rue de Rivoli. Le but est atteint. Un vide s'est fait. La garde nationale se déploie sur la place.

De toutes parts les baïonnettes brillent, les clairons et les tambours retentissent, la Grève se couvre de bataillons. La Commune est vaincue avant d'exister. Il est quatre heures moins un quart.

Désolés, épuisés, la gorge en feu, nous nous laissons tomber à cinq ou six sur les chaises qui entourent une table de café, à l'angle du quai et de la place, en face de l'horloge... Nous nous regardons d'un air hébété. Tout est perdu! voilà ce que chacun de nous lit dans les yeux de son voisin, tandis que le flot houleux des hommes armés s'étend de toutes parts et que les réactionnaires se démènent, rassurés et furibonds.

Furibonds, oui; rassurés, à moitié.

Ils se sentent en nombre. Ils savent qu'hier le Comité central républicain, espérant une issue favorable aux pourparlers engagés avec le Gouvernement, a décommandé la manifestation; qu'en conséquence, beaucoup de citoyens ne sont pas venus; ils savent que dans certains bataillons on a choisi à dessein cette après-midi pour distribuer des vareuses aux gardes nationaux; que dans d'autres on a répandu des bruits propres à endormir, annoncé l'arrivée de 20,000 volontaires anglais qui défilaient sur le boulevard, que sais-je encore : la présence d'une armée française à Orléans, d'une autre à Chartres; enfin l'approche de 76,000 Bretons.

Puis la vue des baïonnettes les encourage. Ils nous regardent de travers. L'un d'eux, en nous lorgnant, proclame tout haut qu'il faut *en finir avec ceux qui troublent l'ordre*, qu'on devrait *fusiller ce gredin de Flourens*... A ce mot C... se lève, et nous tous. « Insulter un absent est le fait d'un lâche; le diriez-vous devant lui? — Oui. — Eh bien! votre nom? Prenons une voiture et allons le trouver ensemble. — Je n'ai pas le temps maintenant.... » Et notre homme de pâlir, de reculer.

Mais les figures suspectes, les hommes en blouse blanche, se rapprochent. — A bas la Commune! Les bourgeois haineux sont derrière. Un vieux bonhomme blanc, qui porte à son képi l'étoile de vétéran, gesticule en nous insultant et bredouille comme un fou. Les yeux lui sortent de la tête. Nous voulons la guillotine, le massacre, l'échafaud. Que ne les combattons-nous les Prussiens? Mais on nous fera notre affaire, etc., etc.

Ce personnage a dû être au nombre des braves qui, en juin 48, fusillaient par les soupiraux les prisonniers entassés dans les caves des Tuileries. Et pendant que C.... se débat contre cet énergumène, un petit monsieur à moustaches cirées le tire par son paletot, en lui répétant vingt-cinq fois de suite d'un air de complaisante satisfaction : *Dites-nous ce que c'est que la Commune?* Il repousse ce jeune drôle en le renvoyant à la rue de Jérusalem, où il a fait évidemment son éducation.

Nous sommes débordés. On entraîne C.... vers le quai. *Qu'on l'assomme! qu'on l'assomme!* Je me retourne vers le furieux. « Mais vous êtes donc des assassins? Tuez-le tout de suite, ce sera plus tôt fini! » Le furieux hésite, pâlit; mais, se voyant si bien appuyé : « Eh bien! oui, reprend-il, qu'on le mène à la préfecture! qu'on l'assomme! »

Les cris *A l'eau!* redoublent sur le quai. — « Qui

a dit *A l'eau ?* » Ce sont deux gamins ; ils sont du 115e bataillon : leurs fusils sont plus grands qu'eux. Je leur impose silence, et, craignant apparemment de se voir tirer les oreilles, ils quittent le groupe et s'engagent sur le pont.

Pendant ce temps, un capitaine du 117e bataillon a pris le bras de C... L'a-t-il arrêté? Les gens hostiles qui nous suivent sont moins nombreux. Il tire C... par la manche. « C'est monsieur M..., dit-il au capitaine. — Ah! monsieur M..., nous nous connaissons! » Et le capitaine me tend la main. Je la prends, un peu étonné. Ce galant homme, ignorant que j'étais au nombre des amis de Chauvet, et me prenant pour un des furieux défenseurs de l'ordre qui marchaient derrière, avait voulu me calmer par cette prévenance. L'arrestation n'était qu'une feinte pour dégager le prisonnier du milieu de ces insensés.

Quelques-uns, plus enragés que les autres, se doutent qu'on les joue et courent prévenir des gardes nationaux qui faisaient l'exercice devant la Monnaie. Ils nous dénoncent apparemment comme des Prussiens... — sans succès, car ils ne reparais-plus.

Nous nous séparons, rue Mazarine, de notre obligeant capitaine, après avoir échangé nos adresses et une poignée de main.

La pluie recommence; le temps est sombre; nous sommes attristés. Voilà le premier acte de la réation : un diminutif du 15 mai, le prologue de la guerre civile accompagnant le siége de Paris. Trochu-Cavaignac est maître de la situation.

J'achète du pain chez un boulanger, je roule une table près de ma fenêtre, contre laquelle la pluie se heurte à torrents. La nuit vient (cinq heures et demie).

Tout à coup j'entends mon nom dans la rue : c'est C... qui m'appelle; il a son fusil et me fait signe de prendre le mien. Je laisse mon verre et mon assiette pleins. Je suis dans la rue. Que se passe-t-il?

Le bataillon tout entier est parti de la place Vauban, lieu d'exercice, pour l'hôtel de ville, où il est mandé. Allons le joindre. Nous verrons bien... Tout doit être fini avec une pluie pareille. .

Nous arrivons ruisselants d'eau place Saint-Sulpice. L'omnibus nous descend sur le quai. Là, un vieil homme décoré nous salue d'un air d'intelligence : « Est-ce que vous nous connaissez? — Vous êtes de la partie? – Quelle partie? — De la partie militaire.... » Assurément, cette vieille moustache s'imagine que nous venons *manger les rouges*. Il veut nous encourager à cette belle œuvre; pour peu que nous insistions, il nous offrirait un petit verre.

Sur la Grève, nos adversaires de tout à l'heure reconnaissent C..., nous sommes séparés par la foule. On l'entraîne au poste de l'hôtel de ville. Il ne reste plus ici que des gens bien pensants.

Le 106ᵉ bataillon paraît. Je cours au capitaine S...,
je lui apprends que C... est arrêté. Il entre et le
fait délivrer.

Nous prenons position face à la grille. Les réactionnaires nous entourent, nous racontent leurs ex-
ploits... « Ça n'a pas été long... ç'a été bientôt fait !
Si vous aviez vu comme nous avons nettoyé la
place !... » Quelques-uns crient : « Vive la garde nationale ! » Un drôle vient faire des compliments dans
les rangs, et se trouve surpris que je lui secoue l'é-
paule en l'invitant à porter son éloquence plus loin.

Un flot sort de l'Hôtel de ville. C'est Ferry, Jules
Favre, Simon, qui viennent nous passer en revue.
Ils sont bien pâles, quoique vainqueurs. Suivis
d'un groupe qui crie très-fort : « A bas la Commune ! » ils parcourent les rangs en disant des
mots aimables, en serrant des mains. « Ah ! le 106ᵉ ! »
nous crie Ferry avec un sourire et un geste qui,
pour ma part, m'ont semblé horriblement faux.

Ferry était, avant le 4 septembre, le député de
notre quartier.

Favre vient ensuite avec sa bouche contournée,
ses favoris et sa crinière ; mais il ne fait pas de dis-
cours.

Pourtant ils sont bien accueillis. Ceux qui n'a-
gitent pas leurs képis et restent la bouche close
sont rares. La plupart des gardes nationaux ignorent ce qui s'est passé l'après-midi; ils sont char-
més de voir face à face les membres du gouverne-

ment. Ils ignorent de quoi il s'agit; ils sont tout à la surprise. Et d'ailleurs, comment ne pas applaudir des gens qui crient : *Vive la République?* On répond : Vive la République! vive le gouvernement!

Deux fois, trois fois, Favre, Ferry, Jules Simon, passent et repassent; on leur présente les armes; les clairons sonnent, les tambours battent aux champs...

Voilà comme on organise des manifestations spontanées, voilà comme on se fait donner un bill de confiance. On veut faire de nous une seconde édition des gardes mobiles de 48.

Le tour est joué. Nous repartons. Je sors des rangs et cours à un groupe où je vois arrêter un citoyen avec d'indignes violences. Je ne puis parvenir jusque-là. Je demande au premier venu quel est le crime du prisonnier. « Oh! monsieur, c'est encore un de ces gens là qui parlaient de la Commune. Mais je l'écoutais depuis un quart d'heure, et je l'ai fait empoigner. »

Je me sens prendre par le bras. Veut-on m'arrêter, moi aussi?... Non, c'est une vieille connaissance, un voisin de la rue Lacépède, un jeune homme de mon âge ou à peu près. « Eh bien! qu'en pensez-vous? Dites-moi votre avis. Vous hésitez!... — Je pense que nous sommes perdus! — Expliquez-moi cela.... » Et je lui répète ce que j'ai au fond du cœur... « *Commune* veut dire sacrifice, guerre à mort; *pas de Commune* veut dire demi-mesures, maintien des priviléges d'argent, capitulation possible, réaction certaine... » Il me serre la main : « J'étais venu dans l'intention de défendre le gouvernement, ajoute-t-il ; vous m'avez converti. Oui, les ennemis de la Commune, ce sont bien les égoïstes et les peureux ! »

MINIMUS.

XII

LE DIX-HUIT MARS

(19 avril)

Il y a aujourd'hui un mois que le peuple a repris possession de ses droits, que l'ouvrier, le prolétaire, instruments de la richesse de ceux qui ne cherchaient qu'à les opprimer, ont brisé d'un seul coup tous leurs liens et pris dans la société le rang qui leur revenait.

Pour la première fois depuis la grande Révolution, le peuple n'a pas été trompé par ceux en qui il avait mis sa confiance et qu'il avait chargés de veiller à ses intérêts. Pendant longtemps ces hommes préparèrent, au péril de leur liberté et de leur vie, le grand œuvre de régénération et de justice qui amena l'éclatante Révolution du 18 mars, jour où « croula sous le mépris populaire » ce gouvernement d'usurpateurs qui se sont servis des mots de patrie et liberté pour mieux asservir la France.

L'armée, envoyée pour écraser cette *poignée de*

7.

factieux, se trouve en face d'une population calme, mais résolue à défendre ses droits, et les soldats, enfants du peuple, fraternisent avec le peuple.

La rage et la crainte se partagent le cœur des auteurs de la capitulation de Paris. La vengeance serait douce, mais la fuite prudente ; ce dernier sentiment l'emporte, et ils vont se réfugier à Versailles, au sein de l'Assemblée. La peur de cette poignée de factieux, qui avait empêché les six cents signataires de la paix honteuse que nous avons subie de venir dans la capitale, réunissait à la fois chambre et gouvernement : digne réunion !

Ils se sauvent, laissant les caisses vides, entraînant avec eux, par la terreur, les employés de tous les services publics, coupant les lignes télégraphiques, désorganisant l'administration des postes et emportant jusqu'aux timbres, brûlant ce dont ils ne pouvaient se charger. Que leur importent les grands intérêts du commerce ?

C'est l'écolier cachant le livre de punitions du maître. Triste conduite, qui n'inspire qu'un mouvement de pitié.

Pendant ce temps, le Comité central se met à l'œuvre, réorganise les services, et toutes les administrations, en quelques jours, avec un personnel entièrement nouveau et plus de quatre fois moins nombreux, fonctionnent plus régulièrement et plus rapidement qu'autrefois.

Dès le 20 mars les maires de Paris se réunissent,

tentent un dernier effort de conciliation, compre-
nant les justes griefs de Paris et redoutant la guerre
civile après la guerre étrangère. Mais le héros d'Orléans, Aurelle de Paladines, repousse avec hauteur
et mépris cette démarche sage et spontanée; comme
son maître un mois avant, du haut de la tribune de
Bordeaux, il s'écria : « Nous ne traitons pas avec
l'émeute! » La guerre civile devenait imminente.

Cependant le gouvernement de l'Hôtel de ville
continuait son travail; dès le 21, après avoir opéré
sa fusion avec le Comité de fédération républicaine,
il lançait une admirable proclamation par laquelle
il conviait les électeurs à choisir de nouveau leurs
chefs, ayant terminé son mandat, disait-il. Noble
mandat, noble tâche : l'affranchissement d'une ville
de deux millions d'habitants.

Cette convocation des électeurs est un coup de
foudre! Les royalistes et les réactionnaires, sentant
qu'un gouvernement régulier va s'établir, que leur
dernier argument de prétendue illégitimité du Comité central (nommé cependant par 215 bataillons
de la garde nationale) va tomber de lui-même. s'ef-
frayent et hésitent sur la conduite à tenir. De son
côté, la presse, qui, pas plus que l'ancien gouvernement. n'avait compris le but. l'importance et la
grandeur de ce *mouvement*, mécontente d'ailleurs
d'avoir été surprise et mise en défaut, la presse, qui
n'est plus aujourd'hui l'expression d'une opinion ou
d'un parti, mais l'agent de quelque personnalité,

s'irrita de ce bouleversement inattendu fait en dehors d'elle : elle forma une coalition universelle, et le *Siècle* entre le *Pays* et l'*Univers*, signèrent cette fameuse protestation du 21 mars, où le dépit se faisait jour à chaque ligne.

Le peu de succès qu'obtint ce manifeste prouva bien clairement une fois de plus la décadence de la presse, et montra combien peu elle avait d'influence et de prestige auprès du public. Le gouvernement daigna à peine répondre à cet attentat contre le pouvoir établi, et, pendant trois jours le langage insultant et provocateur des journaux se continua. La population indécise de Paris « attendait les événements » pour prendre un parti ; certaines feuilles même se laissaient aller à cette indécision, lorsque, le 23 mars, le Comité central fait afficher et publier une lettre du commandant en chef de la 3e armée prussienne, assurant le nouveau gouvernement de Paris de sa neutralité tant que les traités seraient respectés.

L'alliance de la Prusse et de Versailles, le dernier espoir des royalistes, était donc anéanti ; les indécis commencent à se rapprocher de la Commune, timidement il est vrai ; les journaux changent un peu de langage. Ce gouvernement dont on disait si haut ne pas vouloir se préoccuper voit discuter ses actes Les plus violents hésitent. En même temps on s'occupe de réorganiser activement l'armée de Paris, et un décret mémorable supprime du même coup la conscription, les armées permanentes, et fusionne tous les différents corps en un seul, en une seule et grande famille : la garde nationale. Les chefs principaux sont choisis parmi les hommes jeunes, ardents et convaincus, et une défense terrible, une force presque invincible, est organisée : l'armée des citoyens qui veulent défendre leurs droits.

Dans l'intervalle, le mouvement se propage en province. Les villes de Marseille et de Lyon envoient des délégués chargés d'annoncer leur adhésion au nouveau gouvernement que Paris s'est donné. Des manifestations sont signalées dans tous les grands centres de province.

Au milieu de ces événements, les élections ont lieu : en dépit de toutes les manœuvres des partis coalisés, la Commune est établie, et le 28 mars, date mémorable, a lieu sur la place de l'Hôtel-de-Ville la fête la plus belle et la plus solennelle qu'il soit donné à l'homme de contempler et à l'histoire d'enregistrer.

Cette soit-disant *poignée de factieux*, composée d'environ trois cent mille citoyens en armes, était réunie là. De toutes parts s'élèvent les cris de : « Vive la Commune ! », le canon retentit, et les membres du Comité central viennent, en proclamant les noms des membres de la Commune, remettre leurs pouvoirs et la direction du gouvernement entre les mains des nouveaux élus du peuple.

Les premiers actes de la Commune, inspirés par

l'intérêt de la majorité du peuple, prouvèrent de nouveau que les longues discussions auxquelles les assemblées précédentes nous avaient habitués étaient aussi futiles qu'elles étaient prétentieuses. Les décrets sur les loyers, sur les objets engagés au Mont-de-piété, parurent dès le 30 mars; le grade de général supprimé, le traitement maximum des employés fixé à 6,000 francs.

Ces mesures prises si rapidement étonnèrent les fugitifs de Versailles. Les propriétaires étaient scandalisés; quant aux soi-disant républicains du 4 septembre, la fixation du maximum des traitements à 6,000 francs leur paraissait une mesure incompréhensible. Les armes seules pouvaient rétablir l'ordre à Paris, il fallait à tout prix se délivrer d'un gouvernement qui entrait dans une telle voie.

Cependant les députés de Paris hésitaient; quelques uns préférèrent se retirer complétement de la lutte engagée, d'autres restèrent à Versailles, reniant ceux qui les avaient nommés; d'autres enfin, reconnaissant les justes réclamations de Paris et le mauvais vouloir du gouvernement fugitif, nommés d'ailleurs à la Commune de Paris, vinrent se rallier au nouveau pouvoir.

Mais les hostilités étaient engagées. N'obéissant qu'à leurs sentiments de colère et de rage, les Thiers, Jules Favre et Picard commencèrent la lutte par le massacre du pensionnat de Neuilly, par l'assassinat du citoyen Duval et de quatre-vingts gardes nationaux devant qui les zouaves pontificaux et les sergents de ville feignirent de lever la crosse en l'air, et qui, trop confiants, furent cernés et faits prisonniers. Quelques jours après, le colonel Bourgoing était tué, Flourens massacré.

Devant cette cruauté, cette barbarie, les officiers des régiments de ligne font une protestation publique, et les gardes nationaux, loin de se laisser effrayer par ces actes inouïs dans l'histoire, n'en conçoivent qu'une haine plus profonde pour les usurpateurs du 4 septembre et qu'un amour plus grand pour la liberté.

Le 9 avril, ils prenaient Asnières, le 11 ils prenaient Neuilly, et repoussaient les assaillants au delà de leurs lignes. Les femmes elles-mêmes se lèvent, et dans la lutte plusieurs font preuve d'un courage inouï.

La *Ligue d'union républicaine des droits de Paris* tente un dernier effort de conciliation. Mais les réponses ambiguës, perfides et à la fois blessantes de Thiers font désespérer ces braves citoyens de tout espoir de pacification.

Ils ont attaqué, pour se cramponner à un pouvoir auquel, à tous égards, ils n'ont plus droit. Que le sang des victimes leur retombe sur la tête, mais qu'il nous fasse souvenir à jamais de quel prix l'on paye un moment de faiblesse!

Au milieu des préoccupations de la guerre, la Commune poursuit son œuvre de régénération et de

liberté : la colonne impériale de la place Vendôme,
« ce monument de barbarie, symbole de force brute
et de fausse gloire, affirmation du militarisme, négation du droit international, insulte permanente du
vainqueur au vaincu », doit être démolie.

On s'est beaucoup récrié contre ce décret, qui
nous enlève en ce moment jusqu'au souvenir de nos
gloires passées, après les terribles revers que nous
venons de subir.

Nos gloires passées! qui finirent à Waterloo, qui
nous amenèrent aussi l'étranger à Paris, qui coûtè-
rent à la France cinq millions d'hommes et 15 mil-
liards d'argent!

Que la colonne reste, soit! mais que l'on y grave
en gros caractère le fameux quatrain qui y figura
vingt-quatre heures :

> Tyran, juché sur cette échasse,
> Si le sang que tu fis verser
> Pouvait tenir sur cette place,
> Tu le boirais sans te baisser!

L'orgueil français n'a pas besoin de colonnes et de
monuments pour fêter ses succès et ses gloires militaires; il faut bien plutôt lui rappeler les hontes et
les servitudes qu'il a subies sans se révolter.

Aujourd'hui le peuple se révolte, il se relève;
une grande défaite lui rappelle la vanité des gloires
militaires, une longue servitude lui a fait apprécier
les douceurs de la liberté.

Le peuple est debout et renverse un despotisme qui ne s'appuyait que sur sa faiblesse. Versailles prétend comprimer la révolte. Non, messieurs, ce n'est point une révolte, c'est une Révolution !

XIII

UNE PAGE D'HISTOIRE[1]

(27 avril)

I

Il est des hommes sur lesquels, en tout temps, la calomnie ou la haine semble s'acharner, par cela seul que, rejetant loin de leur pensée, comme inutile ou nuisible à la révolution, tout ce qui n'est que satisfaction d'une ambition mesquine, ces hommes se trouvent isolés, en butte à toutes les attaques, frappés de tous les côtés par les incapables qui les calomnient sans les atteindre, par les roués qui, plus intelligents que les autres, cherchent plutôt à les réduire au silence.

Un de ces hommes fut Blanqui.

Né à la Révolution dès qu'il eut l'âge d'homme,

1. Quoique cette pièce soit plutôt un rapport qu'un article purement historique ou littéraire, nous avons cru devoir la donner ici, à cause de sa grande importance.

blessé déjà d'une balle au cou peu d'années avant
1830, en 1827, sa vie, sous le règne de Louis-Philippe, ne fut qu'un long combat contre ce despotisme hypocritement bourgeois qui devait se termi-
ner, au 24 février, par ce qu'un poëte a cru pouvoir
appeler la « révolution du mépris ». Blanqui dut
payer par une détention perpétuelle la part qu'il
avait prise dans le coup de main du 12 mai 1839.

Il alla rejoindre au Mont-Saint-Michel ses compagnons d'insurrection. On sait les tortures qu'in-
fligeaient aux détenus les geôliers du gouvernement
de Juillet. Ce qu'on en raconte pourrait sembler de
la légende, si nous ne savions pas qu'en ce mo-
ment-là, comme aujourd'hui, les plaintes des condamnés n'arrivaient pas jusqu'à nous, et que seuls
les murs des cachots restaient les témoins muets de
ces infamies. Fait-on moins aujourd'hui? Nul ne le
sait; nul n'est en état de l'affirmer ou de le nier.
On serait plutôt tenté de l'affirmer quand on lit le
récit odieux des assassinats commis journellement
par les généraux versaillais !

Le 24 février ouvrit à Blanqui les portes de sa
prison. Il trouva au pouvoir les hommes de la démocratie doctrinaire La partie était encore une fois
perdue, la Révolution étouffée et tombée entre les
mains d'incapables et d'intrigants. Comme il arrive
toujours dans ces moments de crise, les partis les
plus contraires, les ennemis les plus avoués, les
ambitions en présence sournoisement rivales, se

réunissent tous contre l'ennemi commun. Garder
le pouvoir, tel est le but d'abord, sauf à combattre
ensuite la bataille policière; puis après, s'il le faut,
le duel sanglant.

Le peuple avait fait la révolution; personne au
pouvoir ne le représentait. Chacun travaillait pour
son ambition personnelle : tel au Luxembourg avec
ses prédications communistes, tel au ministère de
l'intérieur, tel à l'hôtel de ville; conspiration partout, conspiration mesquine sous le manteau socia-
liste ou jacobin. Chacun eut sa journée : 17 mars,
16 avril. Quand tour à tour les pygmées se furent
tués les uns les autres, restait toujours le peuple :
Juin trancha la question.

Pour l'instant, on était sûr du peuple. On savait
que, toujours trop crédule, au 24 février comme au
4 septembre, il est facile d'en faire sa dupe. Les ré-
volutions l'enivrent; les incapables exploitent sa
bonne foi, s'apprêtant à le frapper pour en finir,
quand ils croient le moment venu.

Au 24 février, le peuple, croyant bien faire, avait,
comme au 4 septembre, abdiqué entre les mains
d'intrigants. Un homme restait qui pouvait lui ouvrir les yeux : Blanqui. Il devint l'objectif. Communistes et jacobins, poëtes, bourgeois, tous, après
avoir reconnu qu'il était impossible à eux de le
tromper, se voyant découverts, convaincus par lui
de trahison, n'avaient plus qu'une seule arme : la
calomnie. On calomnia, Taschereau gaiement atta-

cha le grelot. La fameuse pièce de la *Revue rétros-
pective* parut.

On sait maintenant cette histoire. La trame de
cette machination est dénouée. On crut que Blanqui allait répondre, prouver qu'il n'avait rien écrit,
rien dévoilé. Il se contenta d'invoquer son passé
révolutionnaire. Qui de ceux qui l'attaquèrent eût
osé en dire autant?

« Parmi mes compagnons, écrivait-il dans sa fameuse réponse, qui a bu aussi profondément que
moi à la coupe d'angoisses? Pendant un an, l'agonie d'une femme aimée s'éteignant loin de moi dans
le désespoir, et puis quatre années entières en
tête-à-tête éternel, dans la solitude de la cellule,
avec le fantôme de celle qui n'était plus : tel a été
mon supplice, à moi seul, dans cet enfer du Dante.
J'en sors les cheveux blanchis, le cœur et le corps
brisés! Et c'est moi, triste débris, qui traîne par
les rues un corps meurtri sous des habits râpés,
c'est moi qu'on foudroie du nom de vendu, tandis
que les valets de Louis-Philippe, métamorphosés
en brillants papillons républicains, voltigent sur les
tapis de l'hôtel de ville, flétrissant du haut de leur
vertu, nourrie à quatre services, le pauvre Job
échappé des prisons de leur maître! »

La calomnie n'avait point porté. Le jour n'était
point éloigné où les « brillants papillons de l'hôtel
de ville » allaient voir leur règne éphémère finir
tristement au milieu de la haine de quelques-uns,

de l'oubli de tout le monde. Celui qu'ils avaient attaqué devait grandir sous leurs coups.

Belle-Isle revit bientôt l'éternel lutteur. Le 15 mai
l'y avait conduit. L'heure de la Révolution n'avait
point encore sonné; ses défenseurs devaient fatale-
ment retourner dans l'exil, qu'ils avaient abandonné
pour si peu de temps.

Les tortures de Belle-Isle, tortures morales et
physiques, ne parvinrent pas à tuer ce corps frêle
et délicat, à briser cette âme de fer, qui semble re-
naître toujours jeune et forte au souffle puissant de
la Révolution.

Le 4 septembre le revit plus acerbe, plus clair-
voyant que jamais, prédisant, prophétisant notre
défaite, la trahison qui nous jeta dans l'abîme de
honte du 28 janvier.

Tout ceci est plus près de nous : nul ne peut nous
réfuter. Tous, comme nous, ont vu la colère que
soulevaient les avertissements qu'il croyait devoir
donner au peuple abusé, avertissements d'autant
plus sincères qu'ils ne lui attirèrent que l'insulte et
la calomnie.

« Le doute envahit les âmes, écrivait-il déjà le
15 septembre; le cœur se serre au soupçon d'un
immense mensonge. On sent une lutte sourde entre
deux courants, celui du dévouement et celui de l'é-
goïsme. Qui l'emportera, l'enthousiasme des mas-
ses, ou la ruse du petit nombre? Hélas! peut-être

allons-nous assister à l'un des plus sinistres dénoue-
ments de cet antagonisme éternel ! »

Et moins de deux mois plus tard, quelques jours
après le 31 octobre, le lendemain de ce fatal plébis-
cite du 3 novembre qui jeta Paris pieds et poings
liés entre les mains des traîtres de l'hôtel de ville :

« Le dénouement n'est pas loin. Les comédies de
préparatifs et de défense sont désormais superflues.
L'armistice et ses garanties, la paix ensuite dans
tout son opprobre, voilà ce que l'hôtel de ville va
imposer à la France ! »

On ne l'écouta point; aujourd'hui ses prédictions
se sont réalisées. Quant au grand citoyen qui cher-
chait à nous ouvrir les yeux sur la honte de son
pays, les Trochu et les Favre d'église, les généraux
de salon et de boudoir, les traîtres de toutes les
nuances, lui jetaient en riant à la face l'épithète de
Prussien !

« Blanqui est payé par la Prusse! » Cette phrase
idiotement cruelle n'a-t-elle pas couru tout Paris?

La presse odieuse entonnait de sa plus grosse
voix le concert de calomnies. C'est à elle que nous
devons une grosse part de notre défaite. « Ce sont
les journaux qui ont tout perdu », avait-il déjà dit
quelque part, bien avant le 4 septembre.

La capitulation vint. Le **28** janvier, Jules Favre

alla essuyer les tapis de Versailles avec cette robe d'avocat qu'il avait déjà laissé traîner dans le sang du 22 janvier. Puis ce fut la fin, ou plutôt tout la faisait pressentir. De trahison en trahison, la République allait enfin tomber sous leurs coups, quand le peuple, se réveillant enfin de ce long sommeil ou de cette longue attente, se leva unanime au 18 mars pour chasser ceux qui l'avaient trahi.

Paris nomma la Commune, Paris était libre.

Le peuple récompensa celui qui si longtemps avait cherché à l'éclairer : deux arrondissements l'envoyèrent siéger à la Commune, où la clairvoyance politique dont il avait fait preuve depuis le 4 septembre ne pouvait manquer de lui assigner une des premières places.

Là doit commencer notre récit, ce que nous avons voulu intituler : *Une Page d'histoire*.

Avant d'écrire les pages qu'on va lire, il nous a paru indispensable de rappeler brièvement ce que fut l'homme, de retracer en quelques mots cette vie de luttes, de souffrances, tissue de déceptions, de douleurs, abreuvée de calomnie; de bien faire ressortir le caractère de celui qui, après avoir vécu soixante ans au milieu des trahisons et des lâchetés de tous les partis, est encore aujourd'hui victime des haines de ceux qu'il avait, depuis le 4 septembre, pris à tâche de démasquer, pour sauver la patrie et la Révolution.

II

La Révolution du 18 mars était accomplie. Le gouvernement de Versailles avait pris la fuite, abandonnant tout, se promettant bien de revenir coûte que coûte, espérant sous peu de jours avoir raison de la « poignée de factieux ». Mais cette fois-ci, la première peut être, les « factieux » furent les plus forts. Versailles n'a pas encore pu venir à bout de Paris révolté.

Quelques jours après le 18 mars, la Commune, ayant besoin de toutes ses forces, et voulant annuler les efforts de ceux que le gouvernement déchu avait laissés derrière lui, et qui pouvaient conspirer contre elle, mettait en état d'arrestation et écrouait à Mazas, où ils sont encore, plusieurs hauts personnages suspects à bon droit de relations avec l'ennemi : Darboy, archevêque de Paris ; Lagarde, son grand-vicaire ; Deguerry, curé de la Madeleine ; Bonjean, ex-président du Sénat, etc., etc.

Presque en même temps, le 19 mars, en réponse pour ainsi dire et comme une représaille envers l'insurrection du 18, les agents du gouvernement de M. Thiers arrêtaient, dans une petite ville du midi, malade, épuisé, le citoyen Blanqui, motivant l'arrestation par sa condamnation à mort comme contumax, pour l'affaire du 31 octobre.

Blanqui fut conduit dans un état désespéré à la prison de Figeac. Depuis le jour de son arrestation, personne de ses amis, pas même ses parents les plus proches, n'a pu savoir de ses nouvelles. Les précautions les plus minutieuses ont dû être prises par le gouvernement de Versailles pour que le secret le plus absolu fût gardé sur le lieu de réclusion.

Quand Blanqui fut envoyé à l'Hôtel de ville par le vote du 26 mars, la Commune sentit bien que la présence dans son sein de l'homme dont chacun de ses membres avait pu, depuis le 4 septembre, apprécier la clairvoyance politique, lui était nécessaire, et qu'en ne réclamant pas Blanqui, elle perdait ainsi, de son bon gré, la voix la plus influente peut-être du conseil.

Ce fut alors que des amis particuliers de Blanqui, d'accord avec certains membres de la Commune, entreprirent les démarches en vue d'obtenir du gouvernement de Versailles son élargissement, en échange d'autres détenus.

Le citoyen Flotte, ancien compagnon de cachot de Blanqui, son ami depuis de longues années, se chargea de cette mission difficile. Il entreprit d'aller trouver l'archevêque Darboy, détenu à Mazas, et de jeter avec lui les bases d'un échange possible. Le citoyen Raoul Rigault, délégué à l'ex-préfecture de police, lui remit le laissez-passer suivant (que nous avons entre les mains, ainsi que toutes les autres pièces publiées dans la suite de cet article).

PRÉFECTURE DE POLICE.   RÉPUBLIQUE FRANÇAISE.
—

CABINET
du
Secrétaire général.

Paris, le 11 avril 1871.

Au Directeur de Mazas.

Laissez communiquer le citoyen Flotte avec Lagarde, grand vicaire, et Darboy, archevêque de Paris.

Le délégué à l'ex-préfecture de police,

Signé : RAOUL RIGAULT.

Permis personnel,
valable tous les jours et à toute heure.

Muni de ce laissez-passer, le citoyen Flotte se rendit dans la cellule de l'archevêque Darboy, et lui exposa les motifs de sa visite. L'archevêque proposa, pour remplir la mission d'échange près de M. Thiers, l'abbé Deguerry, curé de la Madeleine.

Sur certaines objections faites au citoyen Flotte par le citoyen Rigault, ce ne fut pas Deguerry, mais le grand-vicaire de l'archevêque, Lagarde, qui fut choisi pour partir à Versailles.

Ordre fut donné par le citoyen Rigault de laisser communiquer Lagarde et Darboy, *en présence* de Flotte. Mais Flotte, qui sait par une longue expérience ce qu'est le séjour des prisons, se retira, ma par un sentiment de délicatesse bien facile à comprendre, et laisse seuls Lagarde et l'archevêque.

Le 12 au matin, Flotte revint trouver Lagarde avec un permis de mise en liberté pour lui, et un laissez-passer en règle pour que Lagarde pût librement aller à Versailles. Flotte fit jurer à Lagarde de revenir quand même, si sa mission n'aboutissait à aucun résultat. Lagarde jura de revenir.

« Dussé-je être fusillé, je reviendrai! » dit-il à Flotte. « Du reste, pouvez-vous penser que je puisse un seul instant avoir l'idée de laisser monseigneur seul ici? »

Flotte conduisit lui-même Lagarde à la gare. Avant que Lagarde prît place dans le train qui devait le conduire à Versailles, Flotte lui fit encore renouveler la parole donnée : « Ne partez pas, si vous n'avez pas l'intention de revenir. » Lagarde jura de nouveau.

Il partit, porteur de la lettre suivante, adressée par l'archevêque Darboy à M. Thiers :

Prison de Mazas, 12 avril 1871.

Monsieur le président,

J'ai l'honneur de vous soumettre une communication que j'ai reçue hier soir, et je vous prie d'y donner la suite que votre sagesse et votre humanité jugeront la plus convenable.

Un homme influent, très-lié avec M. Blanqui par cer-

taines idées politiques, et surtout par le sentiment d'une
vieille et solide amitié, s'occupe activement de faire qu'il
soit mis en liberté. Dans cette vue, il a proposé de lui-
même aux commissaires que cela concerne cet arrange-
ment : si M. Blanqui est mis en liberté, l'archevêque de
Paris sera mis en liberté avec sa sœur, M. le président
Bonjean, M. Deguerry, curé de la Madeleine, et M. Lagarde, vicaire général de Paris, celui-là même qui vous
remettra la présente lettre. La proposition a été agréée, et
c'est en cet état qu'on me demande de l'appuyer près de
vous.

Quoique je sois en jeu dans cette affaire, j'ose la recom-
mander à votre haute bienveillance; mes motifs vous pa-
raîtront plausibles, je l'espère.

Il n'y a déjà que trop de causes de dissentiment et d'ai-
greur parmi nous; puisqu'une occasion se présente de faire
une transaction qui, du reste, ne regarde que les personnes, et non les principes, ne serait-il pas sage d'y donner
les mains, et de contribuer ainsi à préparer l'apaisement
des esprits? L'opinion ne comprendrait peut-être pas un
tel refus.

Dans les crises aiguës comme celles que nous traver-
sons, des représailles, des exécutions par l'émeute, quand
elles ne toucheraient que deux ou trois personnes, ajoutent
à la terreur des uns, à la colère des autres, et aggravent
encore la situation. Permettez-moi de vous dire, sans autres détails, que cette question d'humanité mérite de fixer
toute votre attention, dans l'état présent des choses à
Paris.

Oserai-je, monsieur le président, vous avouer ma dernière raison? Touché du zèle que la personne dont je parle
déployait avec une amitié si vraie en faveur de M. Blanqui, mon cœur d'homme et de prêtre n'a pas su résister à
ses sollicitations émues, et j'ai pris l'engagement de vous
demander l'élargissement de M. Blanqui le plus prompte-
ment possible. C'est ce que je viens de faire.

Je serais heureux, monsieur le président, que ce que je

sollicite ne vous parût point impossible : j'aurais rendu service à plusieurs personnes, et même à mon pays tout entier

G. DARBOY,

Archevêque de Paris.

A M. Thiers, chef du pouvoir exécutif.

Lagarde partit donc le 12 pour Versailles. Cinq
jours se passent; on ne recevait aucune nouvelle de
Lagarde. Le 17, Flotte reçoit une lettre de Versailles,
datée du 15 avril.

Versailles, le 15 avril 1871.

Monsieur,

J'ai écrit à monseigneur l'archevêque, sous le couvert
de M. le directeur de la prison de Mazas, une lettre qui
lui sera parvenue, je l'espère, et qui vous a sans doute été
communiquée. Je tiens à vous écrire directement, comme
vous m'y avez autorisé, pour vous faire connaître les nouveaux retards qui me sont imposés. J'ai vu quatre fois déjà
le personnage à qui la lettre de monseigneur l'archevêque
était adressée, et je dois, pour me conformer à ses ordres,
attendre encore deux jours la réponse définitive. Quelle
sera-t-elle? Je ne puis vous dire qu'une chose, c'est que je
ne néglige rien pour qu'elle soit dans le sens de vos désirs et des nôtres. Dans ma première visite, j'espérais qu'il
en serait ainsi et que je reviendrais sans beaucoup tarder
avec cette bonne nouvelle. On m'avait bien fait quelques
difficultés, mais on m'avait témoigné des intentions favo-
rables. Malheureusement la lettre, publiée dans l'*Affran-
chi*, et apportée ici après cette publication aussi bien qu'à
près la remise de la mienne, a modifié les impressions. Il

y a eu conseils et ajournement pour notre affaire. Puisqu'on m'a formellement invité à différer mon départ de deux jours, c'est que tout n'est pas fini, et je vais me remettre en campagne. Puissé-je réussir encore une fois! Vous ne pouvez douter ni de mon désir ni de mon zèle. Permettez-moi d'ajouter qu'outre les intérêts si graves qui sont en jeu et qui me touchent de si près, je serais heureux de vous prouver autrement que par des paroles la reconnaissance que m'ont inspirée vos procédés et vos sentiments. Quoi qu'il arrive, et quel que soit le résultat de mon voyage, je garderai, croyez-le bien, le meilleur souvenir de notre rencontre.

Veuillez, à l'occasion, me rappeler au bon souvenir de l'ami qui vous accompagnait, et agréez, monsieur, la nouvelle assurance de mon estime et de mon dévouement.

E. J. LAGARDE.

La lettre est du 15 avril. M. Thiers avait formellement invité Lagarde à différer son départ de *deux jours*. Le 18 seulement, Flotte, justement inquiet, alla trouver l'archevêque, et lui exprima son mécontentement de la conduite du grand-vicaire. Lagarde ne revenait pas. Il y avait beaucoup à présumer qu'il eût l'intention formelle de rester à Versailles et de profiter de la confiance qu'on avait mise en lui pour violer sa parole, se souciant peu de ce qui pourrait arriver.

L'archevêque exprima son étonnement du retard de Lagarde : « Cela est impossible, qu'il reste à Versailles, dit-il à Flotte; il reviendra, il me l'a juré à moi-même. »

Flotte exprima à l'archevêque son désir d'avoir un mot de sa main, afin de le porter lui-même à Lagarde. M. Darboy remit alors à Flotte la lettre suivante :

*L'Archevêque de Paris à M. Lagarde,
son grand-vicaire.*

M. Flotte, inquiet du retard que paraît éprouver le retour de M. Lagarde, et voulant dégager, vis-à-vis de la Commune, la parole qu'il avait donnée, part pour Versailles à l'effet de communiquer son appréhension au négociateur.

Je ne puis qu'engager M. le grand-vicaire à faire connaître au juste à M. Flotte l'état de la question, à s'entendre avec lui, soit pour prolonger encore son séjour de vingt-quatre heures, si c'est absolument nécessaire soit pour rentrer immédiatement à Paris, si c'est jugé plus convenable.

De Mazas, 19 avril 1871.

G..., *archevêque de Paris.*

M. Flotte n'alla pas lui-même à Versailles. Ses amis lui représentèrent le danger qu'il y courrait comme ami de Blanqui et son compagnon de lutte et de prison.

On y envoya une personne sûre, qui partit le 19, et remit à Lagarde la lettre de l'archevêque.

Lagarde se contenta de faire remettre à Flotte le billet suivant, écrit à la hâte, au crayon, sur un chiffon de papier. (Ce billet est entre nos mains, comme toutes les autres pièces.)

M. Thiers me retient toujours ici, et je ne puis qu'attendre ses ordres, comme je l'ai plusieurs fois écrit à monseigneur. Aussitôt que j'aurai du nouveau, je m'empresserai d'écrire.

LAGARDE.

Donc, c'était bien dit, Lagarde refusait de rentrer à Paris. De parole donnée, il n'en était pas question pour lui.

Quant à Blanqui, à l'échange de prisonniers, c'était probablement la moindre des choses à laquelle avait songé Lagarde. Cet homme ne craignait pas non plus de laisser entre nos mains des amis à lui personnels, son archevêque, qui se trouvaient par sa trahison nos otages responsables. Il avait bien vu, par la conduite pleine de délicatesse et de dignité qu'avait tenue avec lui le citoyen Flotte, que les otages ne couraient guère avec nous qu'un seul danger : les reproches amers de ceux qu'on avait si indignement trompés.

Dès lors, tout était fini ; on ne pouvait plus songer à Lagarde.

Nous avons voulu raconter dans tous ses détails cet incident, afin que tous sachent le degré de confiance qu'il nous est permis d'accorder à nos ennemis ; afin que tous reconnaissent qu'aujourd'hui, comme toujours, l'honneur, la délicatesse, le res-

9.

pect du serment, sont toujours du côté de la Révolution, rarement du côté de ceux qui la combattent,
et ne craignent cependant pas, à certains instants,
comme celui-ci, de se servir de sa bonne foi pour
en abuser.

III

Il n'y avait donc plus rien à tenter. Aucun espoir
possible de mise en liberté de Blanqui. Versailles,
pas plus que nous, ne se méprenait sur la part immense de concours que Blanqui eût apportée à la
Commune.

On voulut seulement savoir de ses nouvelles. Il
était dangereusement malade lors de son arrestation, le 17 mars, dans la propriété de son neveu
Lacambre. Depuis ce jour, personne n'avait entendu
parler de lui. La plus simple raison d'humanité devait faire un devoir à M. Thiers de ne point refuser
au moins à sa famille de le voir, ou même de cor-
respondre seulement avec lui, de quelque manière
que ce fût.

Ce fut alors que la sœur de Blanqui fit porter à
M. Thiers la lettre suivante :

A M. Thiers, chef du pouvoir exécutif.

Monsieur le président,

Frappée depuis plus de deux mois d'une maladie qui me
prive de toutes mes forces, j'espérais néanmoins en re-

couver assez pour accomplir auprès de vous la mission à laquelle ma faiblesse prolongée me force aujourd'hui de renoncer.

Je charge mon fils unique de se rendre à Versailles pour vous présenter une lettre en mon nom, et j'ose espérer, monsieur le président, que vous voudrez bien accueillir sa demande.

Quels qu'aient jamais été les événements, ils n'ont en aucun temps prescrit les droits de l'humanité ni fait méconnaître ceux de la famille, et c'est au nom de ces droits, monsieur le président, que je m'adresse à votre justice pour connaître l'état de la santé de mon frère, Louis-Auguste Blanqui arrêté étant fort malade, le 17 mars dernier, sans que depuis ce temps un seul mot de sa part soit venu calmer mes douloureuses inquiétudes sur sa santé, si sérieusement compromise.

Si c'est demander au delà de ce que vous pouvez accorder, monsieur le président, que de solliciter une permission pour le voir, ne fût-ce que pendant de courts instants, vous ne pourrez refuser à toute une famille désolée, dont je suis l'interprète, l'autorisation, pour mon frère, de nous adresser quelques mots qui nous rassurent, et pour nous celle de lui faire savoir qu'il n'est point oublié dans son malheur par les parents qui le chérissent à si juste titre.

Veuillez agréer, etc.

Signé : Veuve Antoine,
née Blanqui.

La réponse ne se fit pas longtemps attendre. Elle est contenue tout entière dans la lettre suivante :

Monsieur le rédacteur,

Je vous prie de vouloir bien donner place dans votre journal à la lettre que j'ai l'honneur de vous adresser,

ainsi qu'à la réponse faite par M. le chef du pouvoir exécutif.

(Ici la lettre que nous venons de reproduire.)

A cette lettre M. le chef du pouvoir exécutif a fait répondre que la santé de M. Blanqui est fort mauvaise, sans
donner cependant des inquiétudes sérieuses pour sa vie;
mais que, malgré cette considération et mes instances au
nom de ma famille et au mien, il refuse *formellement* d'au-
toriser aucune communication, soit verbale, soit écrite,
entre M. Blanqui et sa famille, jusqu'à la fin des hostilités
entre Paris et Versailles.

Ainsi, mon frère mourant est condamné au secret le plus
rigoureux; nous ne pouvons ni le voir, ni lui écrire, ni recevoir un seul mot de lui!

Je m'abstiens, monsieur le rédacteur, de toute protestation stérile en présence de ces faits, que le jugement public
appréciera.

Veuillez agréer l'assurance de ma considération distin-
guée.

Lundi, 24 avril 1871.

Veuve Antoine, née Blanqui.

C'est plus que le secret, c'est le cachot dont la
porte est murée, sans que personne sache même où
se trouve le prisonnier.

Le chef de l'exécutif est un homme de Louis-Philippe; et il s'y connaît quand il s'agit de faire souffrir ses ennemis.

Dans les beaux jours de M. Thiers, le détail des
drames souterrains qui se passaient sur ce petit coin
de terre que recouvre comme un étouffoir lugubre

le Mont-Saint-Michel forme des pages terribles qu'on n'oubliera jamais.

Blanqui y était déjà en 1840, enfermé dans un cachot dans lequel le jour arrivait à travers un triple grillage de fer.

Nous laisserons M. Blanqui lui-même raconter ces scènes de tortures :

« — Vous avez achevé votre œuvre de mort en plaçant cette grille qui me repousse à six pieds de la fenêtre et m'ôte le peu d'air que nous pouvions avoir par nos barbacanes : vous avez placé en de-hors un grillage à treillis serré qui arrête l'air comme la lampe de Davy arrête la flamme, et en outre de tout cela j'ai encore deux grilles : il ne me reste pas un quart de l'ouverture totale de cette meurtrière. Vous feriez mieux de me faire étrangler tout de suite dans mon trou.

« — Il y a des ordres exprès de placer ces grilles et grillages.

« — C'est un ordre d'assassinat; croyez-vous qu'en nous voyant succomber tour à tour, l'opinion ne s'é-mouvra pas enfin?

« — Vous êtes ici vingt-sept, reprit le docteur; il est dans l'ordre naturel que vous mouriez de temps en temps! »

« O grand Dieu! ajouta Blanqui après le récit de cette conversation qu'il avait avec le directeur et le médecin du Mont-Saint-Michel, faut-il se voir

insulté avec cette barbarie sur son lit de douleur!
J'ai gardé le silence. Qu'avais-je à dire à ces deux
consolateurs, debout, aux côtés de mon grabat,
comme deux génies de l'enfer se relayant pour
achever leur victime? »

Un an après son arrivée au Mont-Saint-Michel,
Blanqui apprit la mort de sa jeune femme, qu'il ado-
rait. Sa vieille mère, âgée de soixante ans, vint lui
apporter ses consolations. Elle fit cent lieues pour
voir son fils, et la porte de la prison lui fut refusée.
Il lui fallut faire des efforts inouïs pour pouvoir
embrasser son fils. Quelques années plus tard, c'é-
tait à Belle-Isle qu'elle allait encore, d'un pas lent,
visiter Blanqui, l'enfant de ses prédilections, prisonnier sous la République, comme il l'avait été
sous la monarchie.

Aujourd'hui, le gouvernement de Versailles tient
à surpasser, si faire se peut, la cruauté de ceux qui
l'on précédé. Mêmes hommes du reste, mêmes bourreaux.

Il semble pourtant que cette grande figure, aujourd'hui au seuil de la mort, après vingt années
passées dans les cachots et dans les tombes de toutes
les monarchies, devrait faire baisser les yeux à toute
cette bande de misérables ou d'idiots, qui ont jeté
la France dans l'abîme d'où la retirée la Révolution
du 18 mars.

Mais les gens de Versailles, qui jusqu'au 28 janvier ont mis la France entière à l'encan, n'écoutent

aujourd'hui que leur haine envers ceux qui les ont combattus.

Ils ne veulent pas se souvenir que ceux-là même qu'ils font assassiner, Blanqui enseveli mourant dans un cachot, Flourens haché par les gendarmes, Duval fusillé par Vinoy, les ont tenus dans leurs mains au 31 octobre, et qu'ils ne leur ont rien fait.

Il est vrai que cette fois encore ils avaien juré; mais, comme aujourd'hui, ils avaient menti. Ce n'est pas du côté de Versailles qu'il faut chercher des hommes qui tiennent fidèlement leur serment.

MAXIME VUILLAUME.

Cet article était terminé il y a déjà deux jours. Malgré tout, nous attendions encore et nous hésitions à le publier, espérant encore le retour, tardif il est vrai, de Lagarde.

Nous venons de recevoir la visite du citoyen Flotte, qui nous communique la note suivante de M. Darboy, écrite le dimanche 23 avril et remise à M. Washburn, ministre des États-Unis, qui s'est chargé de faire parvenir, et qui en effet a fait parvenir le lendemain à M. Lagarde la note suivante, dont nous croyons devoir reproduire exactement les termes :

Au reçu de cette lettre, et en quelque état que se trouve la négociation dont il a été chargé, M. Lagarde voudra bien reprendre immédiatement le chemin de Paris et rentrer à Mazas. On ne comprend guère que dix jours ne suffisent pas à un gouvernement pour savoir s'il veut accepter ou non l'échange proposé. Ce retard nous compromet gravement, et peut avoir les plus fâcheux résultats.

G., *archevêque.*

Dans le cours de cette affaire, dont nous avons été à même de suivre tous les détails, M. Darboy nous a toujours paru de bonne foi, et nous nous croyons en mesure d'affirmer que, seul, Lagarde a manqué à sa parole.

Le dernier mot de M. Darboy vient confirmer encore davantage notre impression. Notre impartialité nous fait un devoir de dégager la responsabilité de ceux que nous croyons innocents de cette violation de la foi jurée.

M. V.

XIV

COMMERCE ET COMMERÇANTS

(1er mai)

Quoique restreint aux subsistances et à quelques fournitures militaires, le commerce de Paris, malgré la lutte, a conservé jusqu'à hier une certaine activité. Mais de nouvelles entraves, apportées par le Gouvernement de Versailles dans la marche des trains vers Paris, réduisent en ce moment les arrivages aux expéditions par terre, ce qui diminue naturellement l'importance et le nombre des transactions.

Empressons-nous de dire néanmoins, pour rassurer les craintifs, que cette phase nouvelle de notre situation, si féconde en incidents bizarres, n'aggrave absolument en rien la position des Parisiens. Au contraire!

Grâce aux mesures prises par la commission des subsistances, la haute spéculation seule sera atteinte par le nouveau trait que nous lancent ceux qui s'intitulent les défenseurs de la propriété, et qui n'en sont que les démolisseurs.

Paris, déjà privé de la poste, sera donc désormais privé des voies ferrées, par ordre de MM. Thiers, Favre et Picard.

Mais ces protecteurs de la fortune publique, qui trouvaient les décrets sur les loyers et les échéances trop radicaux, ne voient donc pas ce qui va arriver? Du moment où l'action productrice est entravée, il n'y a pas plus possibilité de payer son loyer que d'acquitter ses billets; la remise du terme de juillet, sur lequel un mois déjà est écoulé, c'est à-dire d'un quatrième terme, est aujourd'hui rendue par eux tout à fait inévitable.

Tous les commerçants sérieux et honnêtes, tous les propriétaires consciencieux, sont indignés des procédés employés contre Paris.

Il existe pourtant une catégorie de trafiquants qui ne voit pas d'un trop mauvais œil les rigueurs exercées contre la capitale : c'est la meute avide des fournisseurs des empereurs, des rois et des princes; pour eux, la plupart des *faiseurs* qui, pendant vingt ans, ont gouverné la France à leur profit, sont bien des hommes *tarés;* mais, comme ils leur faisaient gagner de l'argent, ils les regrettent.

Cette catégorie de marchands mercenaires est très-ignorante; recrutée particulièrement parmi les protégés et même les anciens domestiques de personnages influents, elle s'enrichit rapidement, grâce à ses intelligences avec la livrée qu'elle intéresse dans ses bénéfices, souvent scandaleux; mais servile, sans dignité, étrangère aux sentiments d'indépendance, elle ne jouit d'aucune autorité dans le vrai monde commercial de Paris.

Nous devons malheureusement convenir que beaucoup de commerçants de Paris manquent de lumières. La plupart des jeunes commis, surtout ceux qui affectent le plus de coquetterie et de prétentions, sont d'une ignorance crasse. Absence complète de sens moral; placés entre l'intérêt et le devoir, ils sacrifient sans hésiter le second au premier, et se glorifient d'avoir employé un subterfuge pour réussir dans une affaire. Certains patrons en sont arrivés à encourager l'emploi de procédés que la loyauté condamne. Voilà ce qui explique comment, jusqu'au 18 mars, la puissance a été aux plus habiles, et non pas aux plus honnêtes.

Absorbé par le soin de ses intérêts et la satisfaction des besoins dévorants qu'il s'est créés, dont il est devenu l'esclave, le public commercial dont nous parlons ici, à l'encontre de la population ouvrière, qui, elle, s'est éclairée, a perdu toute espèce de sens politique : il est resté pénétré de cette idée que celui qui s'occupe de politique est un homme dangereux, et que ceux qui avouent être socialistes sont des malfaiteurs

Voilà qui explique comment et pourquoi nous en sommes arrivés à la révolution actuelle, et qui démontre combien il était temps qu'elle arrivât pour retremper cette génération ramollie et ignorante, qui avait complétement perdu le sentiment de ses devoirs.

XV

CONCERTS DES TUILERIES

(12 mai)

La soirée dramatique et artistique donnée hier aux Tuileries, au bénéfice des blessés de la garde nationale, a été très-brillante dans son organisation et son exécution.

Le docteur Rousselle, inspecteur général des ambulances, qui présidait à cette seconde fête de bienfaisance, avait pris toutes les dispositions nécessaires pour éviter l'encombrement de samedi dernier et satisfaire complétement le public.

Le premier et principal concert avait lieu dans le salon dit des Maréchaux. Un autre était installé dans l'ancienne salle de théâtre, dont les draperies avaient été enlevées pendant le siége pour y placer une ambulance. Enfin, une musique militaire jouait, dans le jardin réservé, des symphonies et des airs patriotiques.

L'éclairage était splendide, non-seulement à l'intérieur, mais encore au dehors. Des verres de couleur rouge étaient disposés partout dans les arbres et les massifs; des lampions émaillaient les gazons et les bordures. C'était d'un charmant effet.

Aussi le public, attiré de plus par le beau temps, y est il en partie resté pendant les premiers morceaux du concert, au lieu d'affluer, comme l'autre jour, dans les salons du pre ier étage.

Les artistes avaient, d'ailleurs, prêté leur concours avec l'empressement qu'ils mettent toujours dans de semblables circonstances.

Dans la salle des Maréchaux, M⁽ˡⁱᵉ⁾ Agar a électrisé l'auditoire en disant *le Lion blessé* de Hugo avec le magnifique talent qu'on lui connaît et le galbe si expressif qui donne encore du relief à sa diction.

M⁽ˡⁱᵉ⁾ et M. Caillot, du Théâtre-Lyrique, ont été vivement applaudis dans le duo du *Maître de chapelle* et l'air du *Pardon de Ploërmel*.

On a encore entendu M⁽ᵐᵉ⁾ Tesseire dans des chansonnettes amusantes; M. Daubé dans un solo de violon; M. Roussel de Méry, qui a redit ses vers populaires, et enfin M⁽ᵐᵉ⁾ Bordas, qui a chanté deux chansons de circonstance avec sa verve accentuée et communicative, et qui a été écrasée de bravos enthousiastes dans la *Canaille*, exigée et bissée avec frénésie. Cette pièce est, en effet, remplie de philosophie populaire, et M⁽ᵐᵉ⁾ Bordas la sent en véritable artiste.

Enfin l'orchestre, après avoir joué par intermittences, a terminé par la *Marseillaise* dans toute son ampleur musicale. Il était dirigé par M. Schneider (rien de l'ex-président de la Chambre de l'ex-empereur).

Un petit incident a égayé un instant la salle. Le bouquet d'une des artistes, arrivé en retard, a été apporté jusqu'à l'estrade et remis à l'exécutante par un garçon de café en tablier et serviette sous le bras. O monsieur le duc, grand chambellan, combien vous vous fussiez courbé avec humilité et confusion devant votre auguste magot, si pareil scandale avait pu se produire de la part d'un des valets dont vous étiez le chef!

Dans le théâtre également, l'orchestre et les artistes, dont nous regrettons de ne pas connaître les noms, ont excité les bruyants applaudissements de l'auditoire.

Le programme, varié, se composait de musique militaire, de chansonnettes comiques et de morceaux de poésie.

En résumé, malgré les frais d'organisation qui avaient été faits en vue de la foule que l'on pouvait attendre, ce doit être encore une bonne journée pour les familles malheureuses victimes de la guerre[1].

CHARLES NEL.

1. Le *Journal officiel* était ce jour-là en veine artistique. Comme pendant à l'article qu'on vient de lire, nous déta-

chons des faits divers la strophe suivante, curieux échan-
tillon de lyrisme communeux :

« Dans ce Paris héroïque, que les ribauds et les ruraux
versaillais montrent à la province comme tout entier livré
à une orgie sanglante, la musique ne cesse pas d'exercer
son action salutaire. La Commune a ses orchestres; le
peuple, ses concerts. Dominant le bruit du canon, mêlées
aux acclamations enthousiastes ou aux cris de guerre, les
harmonies militaires s'élèvent dans la cité en armes pour
enflammer les courages, escorter les deuils, venir en aide
aux souffrances. »

XVI

AUX GRANDES VILLES

(16 mai)

Après deux mois d'une bataille de toutes les heures, Paris n'est ni las ni entamé[1].

Paris lutte toujours, sans trêve et sans repos, infatigable, héroïque, invaincu.

Paris a fait un pacte avec la mort. Derrière ses forts il a ses murs; derrière ses murs, ses barri-

[1]. C'est cinq jours avant l'entrée des troupes de Versailles que le citoyen Paschal Grousset adressait aux provinces cet appel suprême, dans lequel il dit que Paris n'est *ni las ni entamé*. Les dépêches du 16 mai sont à l'avenant : « Terrain gagné sur l'ennemi » — « Attaques de nuit vivement repoussées. » — « Versaillais forcés de se replier. » — « Pertes sensibles des ruraux. »

C'est ce même jour que devait tomber la colonne Vendôme, et que le *Journal officiel* insérait le rapport sur la fameuse affaire des cadavres de Saint-Laurent*.

Cet ensemble ne donne-t-il pas un bien triste et bien curieux tableau de notre malheureux Paris en mai 1871 ?

* Voir page 127.

cades; derrière ses barricades, ses maisons, qu'il faudrait lui arracher une à une, et qu'il ferait sauter, au besoin, plutôt que de se rendre à merci.

Grandes villes de France, assisterez-vous immobiles et impassibles à ce duel à mort de l'Avenir contre le Passé, de la République contre la Monarchie?

Ou verrez-vous enfin que Paris est le champion de la France et du monde, et que ne pas l'aider, c'est le trahir?...

Vous voulez la République, ou vos votes n'ont aucun sens; vous voulez la Commune, car la repousser, ce serait abdiquer votre part de souveraineté nationale; vous voulez la liberté politique et l'égalité sociale, puisque vous l'écrivez sur vos programmes; vous voyez clairement que l'armée de Versailles est l'armée du bonapartisme, du centralisme monarchique, du despotisme et du privilège, car vous connaissez ses chefs et vous vous rappelez leur passé.

Qu'attendez-vous donc pour vous lever? Qu'attendez-vous pour chasser de votre sein les infâmes agents de ce gouvernement de capitulation et de honte qui mendie et achète, à cette heure même, de l'armée prussienne, les moyens de bombarder Paris par tous les côtés à la fois?

Attendez-vous que les soldats du droit soient tombés jusqu'au dernier sous les balles empoisonnées de Versailles?

Attendez-vous que Paris soit transformé en cimetière, et chacune de ses maisons en tombeau?

Grandes villes, vous lui avez envoyé votre adhésion fraternelle; vous lui avez dit : « De cœur, je suis avec toi ! »

Grandes villes, le temps n'est plus aux manifestes : le temps est aux actes, quand la parole est au canon.

Assez de sympathies platoniques. Vous avez des fusils et des munitions. Aux armes! Debout les villes de France!

Paris vous regarde, Paris attend que votre cercle se serre autour de ses lâches bombardeurs et les empêche d'échapper au châtiment qu'il lui réserve.

Paris fera son devoir, et le fera jusqu'au bout.

Mais ne l'oubliez pas, Lyon, Marseille, Lille, Toulouse, Nantes, Bordeaux et les autres.....

Si Paris succombait pour la liberté du monde, l'histoire vengeresse aurait le droit de dire que Paris a été égorgé parce que vous avez laissé s'accomplir l'assassinat.

Le Délégué de la Commune aux relations extérieures,

PASCHAL GROUSSET.

XVII

RENVERSEMENT DE LA COLONNE VENDOME

(17 mai)

Le décret de la Commune de Paris qui ordonnait la démolition de la colonne Vendôme a été exécuté hier, aux acclamations d'une foule compacte, assistant sérieuse et réfléchie à la chute d'un monument odieux, élevé à la fausse gloire d'un monstre d'ambition.

La date du 26 floréal sera glorieuse dans l'histoire, car elle consacre notre rupture avec le militarisme, cette sanglante négation de tous les droits de l'homme.

Le premier Bonaparte a immolé des millions d'enfants du peuple à sa soif insatiable de domination; il a égorgé la République après avoir juré de la défendre; fils de la Révolution, il s'est entouré des priviléges et des pompes grotesques de la royauté; il a poursuivi de sa vengeance tous ceux qui voulaient penser encore ou qui aspiraient à être libres;

il a voulu river un collier de servitude au cou des peuples, afin de trôner seul dans sa vanité, au milieu de la bassesse universelle : voilà son œuvre pendant quinze ans.

Elle a débuté, le 18 brumaire, par le parjure, s' soutenue par le carnage, et a été couronnée par deux invasions; il n'en est resté que des ruines, un long abaissement moral, l'amoindrissement de la France, le legs du second Empire commençant au Deux-Décembre, pour aboutir à la honte de Sedan.

La Commune de Paris avait pour devoir d'abattre ce symbole du despotisme : elle l'a rempli. Elle prouve ainsi qu'elle place le droit au-dessus de la force, et qu'elle préfère la justice au meurtre, même quand il est triomphant.

Que le monde en soit bien convaincu : les colonnes qu'elle pourra ériger ne célébreront jamais quelque brigand de l'histoire, mais elles perpétueront le souvenir de quelque conquête glorieuse dans le champ de la science, du travail et de la liberté.

XVIII

REPRÉSENTATION DE BIENFAISANCE

(20 mai)

Tuileries, 18 *mai*. — Des concerts et représenta-tions dramatiques avaient été organisés à des heu-res diverses et dans trois endroits différents : salle des Maréchaux (2 heures), galerie de Diane (4 heu-res), salle du Théâtre (6 heures). Partout la foule était empressée, compacte.

La citoyenne Agar, bien que malade et très-fati-guée, y a dit, avec ce style vibrant et passionné qu'on lui connaît, l'*Hiver*, d'Hégésippe Moreau, et la *Lyre d'airain*, d'Auguste Barbier; elle a soulevé, comme d'habitude, les transports enthousiastes de l'auditoire.

L'artiste a dû se trouver bien vengée des attaques malveillantes et mensongères de Versailles, et l'ova-tion dont elle a été l'objet, les applaudissements fré-nétiques et les bravos, les rappels dont elle a été ac-cablée, ont dû lui prouver que le peuple sait, lui aussi, protéger les arts à sa façon, lorsqu'il apprécie le caractère de l'interprète.

La citoyenne Camille André a obtenu un brillant succès dans les *Abeilles*, de Hugo, et Fernand Désaulnée a été vivement applaudi dans *Sois maudit, Bonaparte!* et autres pièces dont il est l'auteur.

Le public a de même accueilli avec faveur les citoyens Henri Roze, récitant *Châteaudun*, et Roussel de Méry, puis l'orchestre monstre que dirigeait avec talent M. Schneider (de plus en plus sans accointance avec l'autre).

Le soir, au Théâtre-Lyrique, avait lieu la première représentation de la Fédération artistique. Les honneurs de cette soirée, pour la partie littéraire, reviennent encore à la grande tragédienne Agar, celle qui « hurle » la *Marseillaise*, comme disent si gracieusement les journaux des campagnes, et particulièrement le *Gaulois*, qui ne peut digérer mon cliché de l'excellente troupe *du seul théâtre qui soit resté fidèle à son poste*, etc., etc. [1]

---

1. Allusion à cette annonce du Gymnase, reproduite aux *théâtres* dans un grand nombre des numéros du *Journal officiel* :

« GYMNASE. — 7. h. — *Comme elles sont toutes; les Idées de madame Aubray; les Maris esclaves.* — L'administration vient de faire une assez forte réduction sur les prix de toutes les places. Le public comprendra cette intelligente combinaison, qui permettra à tout Paris de venir applaudir l'excellente troupe du seul théâtre qui soit resté fidèle à son poste et à son répertoire. »

L'*Avenir de la Fédération* a produit un effet des plus sympathiques.

L'*Avenir des Peuples*, par Noailles, les *Soldats de Faust*, par les chœurs des théâtres lyriques, les citoyens Michot, Villaret, Thiron, Pacra et Arnaud, ont été chaleureusement applaudis, ainsi que les citoyennes Morio et Arnaud, même Mlle Amiati, qui se bisse toute seule, ce qui ne manque pas d'une certaine originalité. Le succès de la partie comique appartient à : *C'est pas fini!* autrement dit Plessis, le roi des saltimbanques.

Orchestre comme il n'en existe pas à Versailles, artistes comme Paris seul a le secret d'en posséder, quand même, malgré les dissentiments politiques : c'est dire qu'il y a eu bonne recette pour les familles des blessés et les malheureuses victimes des vingt arrondissements.

Pendant ce temps, au Grand Concert parisien, la citoyenne Rosa Bordas faisait une quête qui produisait 120 fr., et cette somme, à laquelle la direction ajoutait 200 fr., était versée entre les mains du comité d'ambulance du Xe arrondissement pour venir en aide aux blessés, veuves et orphelins.

Aujourd'hui vient le tour du Grand-Opéra. Nous espérons que le public répondra à l'appel bienveillant qui lui est fait, et soutiendra les efforts des braves artistes, qui se multiplient partout où l'on signale une bonne œuvre à faire, une infortune à soulager.

Cette représentation patriotique est organisée par les soins du Comité de sûreté et du secrétaire général de l'ex-préfecture de police, le citoyen Regnard.

On y entendra *l'Hymne à la Liberté*, de Gossec, qui n'a pas été exécuté depuis 1793.

Les artistes de l'Opéra ont promis de se surpasser pour donner de la solennité à cette représentation révolutionnaire[1].

1. On sait que cette *représentation révolutionnaire*, annoncée et réannoncée plusieurs fois, n'eut pas lieu grâce à l'entrée des troupes de Versailles. En voici le programme définitif, publié le 21 mai :

« THÉATRE DE L'OPÉRA. — 3 h. 1/2. — Lundi 22, représentation extraordinaire au bénéfice des victimes de la guerre (veuves et orphelins) et du personnel de l'Opéra, avec le concours des artistes de l'Opéra, de l'Opéra-Comique, du théâtre des Italiens et du Théâtre-Lyrique. Orchestre complet, conduit par M. Georges Hainl, chef d'orchestre de l'Opéra.

« Ouverture du *Freyschutz*, *Hymne aux Immortels*, de R. Pugno; *Le Trouvère* (4° acte), MM. Villaret, Melchissédec, M°° Lacaze; scène funèbre pour orchestre, par Selmer; air du *Bal masqué*, par Caillot (Théâtre-Lyrique).

« *Patria*, de Victor Hugo, chanté par M°° Ugalde; air des *Bijoux*, de *Faust*, chanté par M°° Arnault; chant patriotique: *Quatre-vingt-neuf*, chanté par Morère; final du 4° acte de *Nahel*, de Littolf; chœur de solo, chanté par M°° Morio, de la Scala de Milan.

« *La Favorite* (4° acte), MM. Michot (Fernand), Melchissédec (Balthazar); *la Favorite* (M°° Ugalde), exceptionnellement; *Alliance des peuples*, chœur, de R. Pugno;

L'ancien directeur, le citoyen Haydn, conduira l'orchestre[1].

trio de *Guillaume Tell*, chanté par trois lauréats du Conservatoire (1870); *Vive la liberté!* chœur, de Gossec. »

1. Le *citoyen Haydn* étant mort en 1809, c'est sans doute du citoyen *Hainl*, chef d'orchestre de l'Opéra, qu'a voulu parler le critique de l'*Officiel*.

XIX

DEUXIÈME RAPPORT
SUR LA RECHERCHE DES CRIMES

COMMIS A L'ÉGLISE SAINT-LAURENT [1]

'21 mai,

NOTICE

Le Passé

Dès les premiers siècles de la monarchie française, l'église Saint-Laurent fut édifiée où se trouve au-

---

1. Le premier rapport, portant la date du 3 mai, avait paru, comme extrait de l'*Étoile*, dans le *Journal officiel* du 16 mai. Nous en tirons les passages suivants :

« Nous avons pu pénétrer hier dans le curieux ossuaire qui vient d'être découvert dans les substructions de l'église Saint-Laurent.

« Cette trouvaille, rapprochée des bruits sinistres qui coururent il y a quelques années, et surtout les circonstances singulières dans lesquelles elle s'est produite, ont

jourd'hui le couvent de Saint-Lazare. Plus tard, cette paroisse fut transportée de l'autre côté de la route, c'est-à-dire dans le cimetière, place qu'elle occupe encore aujourd'hui.

donné lieu à une enquête qui éclaircira sans doute ce mystérieux événement.

. . . .

« Je venais de quitter le boulevard tout ensoleillé, et mes yeux ne s'habituaient pas encore à la lumière vacillante d'une bougie fichée dans la terre.

« Cette lueur frappait obliquement sur le crâne dénudé d'un squelette, dont elle accusait avec exagération les saillies et les dépressions.

« Les mâchoires étaient démesurément ouvertes, comme si le mort eût voulu, dans un suprême effort, lancer un appel désespéré.

. . . .

« Quatorze squelettes ont été mis à découvert, mais ils recouvrent une seconde couche de cadavres, et peut-être une troisième.

« Ils ont été ensevelis sans bière, dans de l'humus ou terre de jardin, et recouverts de chaux.

« Ils sont symétriquement pressés, et avec un ensemble de dispositions qui impliquerait que l'opération a été faite en une seule fois, et avec la préoccupation de faire tenir le plus grand nombre de cadavres restreints dans un espace donné.

. . . .

« Les mâchoires istendues de ces restes humains donnent, à la lumière, des effets d'un fantastique surprenant; par moments, il semble que ces os décharnés vont s'agiter pour raconter quelque lugubre tragédie.

« Presque toutes les têtes ont conservé leurs dents, et les sutures imparfaites de la boîte osseuse dénotent la jeunesse des sujets. Ces têtes sont généralement penchées

La première pensée qui vient à l'esprit, c'est qu'un conduit souterrain devait exister entre Saint-Lazare et l'église actuelle, ainsi qu'il en a toujours existé entre les maisons religieuses des deux sexes,

à droite, ce qui indiquerait que l'ensevelissement a eu lieu avant la rigidité cadavérique.

« En outre, l'inhumation, paraissant de beaucoup postérieure au décret de la première Révolution qui interdit l'ensevelissement dans les églises, doit avoir été, sinon criminelle, au moins illégale.

« Un témoin, parmi les infiniment petits, vient corroborer cette opinion : c'est un insecte que vient de trouver un entomologiste qui nous accompagne, et *qui se nourrit exclusivement de ligaments;* il est peu probable que cette bestiole se soit imposé un jeûne de quatre-vingts ans.

« En outre, près de la tête d'un squelette de femme déterré non loin d'un des piliers de la triple entrée, on a trouvé un peigne d'écaille dont la fabrication ne peut remonter fort loin, et qui a pu être orné de matières précieuses.

« En inspectant les murs du souterrain, on voit qu'il a dû servir de prison à une époque fort antérieure à l'enfouissement de ces cadavres.

. . . .

« Les murs du caveau portent des traces de crépi qui dénoncent une restauration qui ne doit pas remonter à plus de quelques années.

. . . .

« J'ai remonté le petit escalier de pierre, en haut duquel on m'a fait remarquer une excavation pratiquée sous la maçonnerie en brique du calorifère, et dont la récente construction est de toute évidence.

« Là ont été retrouvés sept cadavres; leur enfouissement ne peut absolument remonter à plus de quelques années,

pour faciliter les orgies de la gent cléricale. Il en était de même pour les châteaux féodaux, où des passages secrets permettaient de s'échapper aux heures de danger. Partant de là, rien de plus com-

et la situation anomale de leur sépulture prouve surabondamment qu'il y a crime.

« Quel est l'assassin? Quelles sont les victimes? Il y a, renfermé dans une armoire, le squelette d'une jeune femme encore orné de magnifiques cheveux blonds; les commères qui assiégent les alentours de l'église parlent de la fille d'un marchand de vin du quartier; on ne sait quel fondement accorder à ce bruit, qu'éclaircira l'instruction.

« Toujours est-il qu'il y là un fait mystérieux, illégal, dont la justice est saisie, et c'est d'elle que les citoyens doivent attendre les éclaircissements qui leur sont dus.

« Le curé de Saint-Laurent est en fuite, ainsi que ses vicaires. » *L'Étoile.*)

On remarquera que c'est le 16 mai que le *Journal officiel* insérait ce premier rapport, et cependant le docteur Piorry, requis de se rendre à l'église Saint-Laurent, avait envoyé, le 13, le rapport suivant :

« Je soussigné, professeur de la Faculté de médecine, médecin honoraire de l'Hôtel-Dieu, membre de l'Académie de médecine, etc., etc., déclare qu'en vertu d'une ordonnance de M Moré, juge d'instruction, en date du 6 mai dernier, j'ai été requis par M. Blord, commissaire de police du Xᵉ arrondissement, à l'effet de me rendre à l'église Saint-Laurent, faubourg Saint-Martin.

« Il s'agissait de déterminer à quelle époque les squelettes qui viennent d'être découverts dans un caveau situé au-dessous du chœur de ladite église avaient été inhumés. Je me suis transporté ce matin à dix heures dans le lieu où ils avaient été déposés, et j'ai constaté les faits suivants :

préhensible, rien de plus saisissant, que la déduction qui en jaillit.

Grâce au voisinage de Saint-Lazare, l'église Saint-Laurent était pourvue d'autant de femmes ou jeunes

« Dix-huit squelettes de femme étaient couchés les uns près des autres sur le sol du caveau dont il s'agit; l'un d'eux était encore en partie couvert de terre. Les ossements étaient ceux de dix-huit femmes, la plupart fort âgées et ayant presque toutes perdu pendant leur vie plusieurs dents; un seul squelette les avait toutes conservées; les os étaient profondément altérés par un séjour prolongé dans la terre. Deux de ces restes de cadavres avaient appartenu à des femmes rachitiques. Toutes les parties molles étaient détruites, et la décomposition était si complète et avait si bien formé un terreau qu'on ne sentait aucune odeur méphitique; du reste, un ou deux soupiraux ouverts sur la rue avaient suffi pour renouveler l'air du caveau.

« Il me parut impossible de déterminer positivement et précisément l'époque à laquelle l'enterrement de ces corps a eu lieu, mais à coup sûr il date d'un grand nombre d'années Il ne peut s'agir ici d'un événement ou d'un crime récent, mais bien de l'ensevelissement de gens qui ont voulu être enterrés dans l'église Saint-Laurent et dans le caveau sépulcral dont il vient d'être fait mention. Il est à croire que cette sépulture a eu lieu du temps où il était d'usage d'être enseveli dans les églises, et au temps aussi où les cadavres auxquels avaient appartenu d'innombrables ossements avaient été déposés dans les autres parties du monument, et ces ossements, en énormes proportions, ont été aussi retirés du sol de l'église et forment par leur volume une masse considérable.

« Signé : PIORRY. »

Ce rapport fut suivi d'une lettre que voici, adressée par M. Piorry au juge d'instruction.

filles que ces de Sade tonsurés pouvaient en désirer. Le mécanisme était des plus simples : ou l'objet convoité était enlevé, ou bien une banale accusation de sortilége, d'adultère ou d'impiété

« Monsieur,

« J'ai eu l'honneur, il y a peu de jours, de vous envoyer le rapport pour lequel vous m'avez requis. J'ai lu depuis dans Dulaure (*Histoire de Paris*[*], t. I) la note suivante, qui vous donnera mon appréciation relativement à l'ancienneté de la sépulture des squelettes trouvés dans le caveau Saint-Laurent, lequel paraît avoir jadis appartenu à l'oratoire d'un cimetière sur l'emplacement duquel l'église Saint-Laurent a été bâtie.

« Je vous prie de vouloir bien agréer l'assurance de ma haute considération.

« Signé: PIORRY. »

---

[*] L'église Saint-Laurent était située dans le faubourg Saint-Denis, et elle occupait, dans les premiers temps, l'emplacement actuel de Saint-Lazare. Le cimetière de cette église était placé de l'autre côté de la route, et dans la suite on éleva *sur son emplacement* une *autre église de Saint-Laurent qui a subsisté jusqu'à nos jours.* Cette opinion est appuyée notamment sur la découverte qui fut faite vers le XVII⁰ siècle, dans l'emplacement actuel de Saint-Laurent, de plusieurs tombeaux en pierre et en plâtre, contenant des cadavres vêtus d'habits noirs, semblables à ceux des moines, *tombeaux qui furent alors jugés avoir neuf cents ans d'antiquité.*

L'église et le monastère de Saint-Laurent furent dévastés par les Normands. Après sa ruine totale, elle ne fut pas rétablie au même endroit; mais on la réédifia, comme je l'ai dit, *sur l'emplacement de son cimetière, à la place d'un oratoire* qui, suivant l'usage, devait s'y trouver. Cette église fut entièrement reconstruite au XV⁰ siècle, dédiée en 1429, augmentée en 1548, en en grande partie reconstruite en 1593, et considérablement réparée et enrichie. (HISTOIRE DE PARIS, par Dulaure: 6⁰ édition, p. 211.

était invoquée, et l'accusée, femme ou fille, était cloîtrée, circonvenue et livrée sans défense possible à ces monstres de luxure. La famille même cessait d'être une sauvegarde, car la recluse, étant sous-

On comprend pourquoi le *Journal officiel* se garda d'insérer le rapport et la lettre du docteur Piorry, qui venaient mettre à néant les calomnieux mensonges auxquels la Commune avait voulu donner cours.

L'exhumation était, du reste, passée à l'état de manie, et les cadavres de Saint-Laurent eurent comme pendant les cadavres de Notre-Dame-des-Victoires. Le *Journal officiel* du 20 mai empruntait le récit suivant au *Réveil du peuple :*

« Des bruits singuliers couraient depuis quelques jours sur les singuliers miracles qui s'accomplissaient dans l'église Notre-Dame-des-Victoires.

« On parlait de mystérieux assassinats, de crimes rappelant ceux de Saint-Laurent.

« Hier, à six heures, le 139ᵉ bataillon de la garde nationale a cerné l'église. Le citoyen Le Moussu, commissaire de police délégué, accompagné de trois membres de la municipalité du XIᵉ arrondissement et de deux médecins, a fait ouvrir les portes de l'église et immédiatement pratiqué des fouilles.

« A l'heure où nous écrivons, on a déjà déterré plusieurs cadavres, et tout fait prévoir des découvertes nouvelles.

« Au pied de l'autel de la Vierge, on a trouvé un cercueil en chêne où était enseveli un prêtre. D'après les renseignements donnés par le curé actuel, ce corps aurait été déposé là depuis dix ans.

« Dans un caveau, près du même autel, les travailleurs ont mis au jour plusieurs caisses d'argenterie et d'objets précieux. A côté de ces caisses est une tête de femme avec de longs cheveux blonds.

traite à tous les regards, passait pour s'être volontairement retirée du monde dans un esprit de repentir.

Les établissements séquestrant les femmes étaient multiples. Combien d'orphelinats, de couvents, de refuges! Ces débauchés n'avaient que l'embarras du choix, et, les victimes marquées, les supérieures de ces établissements s'empressaient de les livrer. D'ailleurs, la résistance leur était impossible, car il y allait de leur intérêt, et même de leur vie, qui était en jeu.

On sait que l'influence des prêtres était irrésistible : leur caractère sacré, l'acquiescement des chefs de famille, leur puissance absolue, les vœux imprudents ou forcés, la crainte de leur vindication, puis l'imagination et le tempérament, tout leur venait en aide; tout concourait à leur triomphe odieux.

« Dans un autre caveau on a découvert quatre cadavres de femme dont l'ensevelissement est récent.

« A gauche de l'entrée de l'église, sous une chapelle latérale, est un petit caveau où les travailleurs ont trouvé deux bracelets de femme en or. Sur le mur de ce caveau on remarque l'empreinte d'un bras orné d'un bracelet. Cette empreinte ne peut s'être produite que pendant une lutte et alors que la peinture du caveau était fraîche.

« Dans toute l'église on sent une odeur cadavéreuse qui fait présager de nouvelles découvertes.

« Quatre prêtres de Notre-Dame des Victoires ont été arrêtés.

« Au dernier moment, nous apprenons que les cadavres trouvés à l'église en question sont à cette heure exposés à la porte de l'église. »

Bref, l'épouse ou la jeune fille disparaissait de la société sans laisser de traces, et tout était au mieux pour l'âme des victimes ainsi que pour la sainte cause; c'était encore le Parc-aux-Cerfs, mais abrité par le ciel.

Malheur à l'écrivain assez osé pour soulever un coin du voile! Pour lui, dans le passé, c'était la torture et la mort, et, encore aujourd'hui, la ruine, la prison et l'anathème des privilégiés. Ce ne sont pas là de vaines allégations, c'est la rigoureuse appréciation des faits.

Le Présent

Mais admettons qu'en ces derniers temps le passage souterrain n'existait plus; supposons que l'épouse ou la jeune fille arrivait aux bras de ces hypocrites par la grande porte, sous l'influence abusive des sacrements, en passant par le confessionnal ou la sacristie, peu importe! Paris tout entier ne s'en lèvera pas moins indigné!... navré!... Qu'il descende dans la crypte placée derrière le chœur : là, un spectacle sans nom frappera ses yeux! des cris déchirants se feront entendre! Écoutez :

« Les prêtres, nos bourreaux impitoyables, après nous avoir attirées ici par la force ou par ruse, après avoir assouvi sur nous leur brutale lubricité, se lassèrent bientôt; alors il nous fallut faire place à de plus jeunes ou de plus belles ; puis, après les outrages d'une dernière orgie, nous fûmes endormies par l'effet d'un puissant narcotique, livrées sans résistance possible à ces monstres, qui nous dépouillèrent de nos vêtements et nous lièrent si fortement que l'on peut voir encore la contraction des os les uns contre les outres. Au bout d'un certain temps, l'ivresse du narcotique s'étant dissipée, le sentiment de l'existence nous revint ; des terreurs, des angoisses inexprimables, nous saisirent, nous cherchâmes d'instinct à nous dégager des liens et de la terre qui nous oppressaient !

« Vains efforts, nos liens nous paralysaient ; seule, notre tête put se tordre sous la terre encore molle ; nous essayâmes d'aspirer le peu d'air ambiant provenant d'un escalier et d'un soupirail : c'est pourquoi toutes nos têtes sont tournées vers ces issues, cherchant à boire le peu d'air s'infiltrant entre les interstices de la terre. Comprenez nos tortures ; comprenez notre agonie, notre lutte contre l'étouffement produit par la terre emplissant notre bouche à chaque effort tenté pour respirer. Touchez nos mâchoires contorsionnées et horriblement ouvertes. Autant de cadavres, autant de martyres !... Flétrissez, maudissez nos bourreaux ! Le crime impuni est là !... visible ! palpable ! écrasant ! Faites-vous justiciers ! Soyez nos vengeurs ! »

... Elle vient enfin, la *justice, majestueuse, inexorable;* elle arrive ! Car rien ne l'arrête, ni le temps,

ni l'espace! Elle porte en ses mains la balance et le
glaive étincelant. Ah! misérables! vous pensiez être
à l'abri de toute revendication; mais c'est en vain
que vous aviez rempli la crypte des os de nos aïeux:
des mains hardies, des mains vengeresses, les ont
soulevés et mis à nu la tombe accusatrice L'heure
sonne enfin pour vous! L'avenir confesse le passé!
Les pages de votre histoire s'imprimeront avec
du sang et seront lues à la lueur sinistre de vos
bûchers.

. . . .

Après avoir vidé l'ossuaire, après avoir dégagé
l'humus enveloppant ces restes terrifiants, la science
calme et froide est venue constater que ces débris
appartenaient tous à des infortunées enterrées depuis moins de dix ans[1]. Or le règne du dernier curé
en a duré dix-sept. Mais qu'importe la date du
crime? il n'y a point de prescription pour lui!

O justice! si tu mesures la grandeur de la peine
à celle du forfait, ton glaive s'émoussera, surtout si
tu nombres les victimes pressées et superposées;
les mots seront impuissants pour exprimer ton indignation, pour écrire ton enquête!

..... Et toi, peuple de Paris, peuple intelligent,

1. La comparaison de cette assertion avec le rapport du
docteur Piorry, qu'on vient de lire dans la note précé-
dente, donne la mesure exacte de la bonne foi avec laquelle
a été écrit cet article.

brave et sympathique, viens en foule contempler ce
que deviennent tes femmes et tes filles aux mains
de ces infâmes; viens les reconnaître, les compter :
elles sont tiennes. Ouvriras-tu enfin les yeux sur les
faits et gestes de ces corrupteurs de l'esprit, de ces
assassins du corps? Persisteras-tu dans ton aveugle
apathie? Laisseras-tu toujours tes femmes, tes filles,
hanter leurs églises, ces lunapars occultes? Ah ! si
ta colère n'éclate pas, si tes yeux ne flamboient, si
tes mains ne se crispent, fais alors comme Charles-
Quint, couche-toi vivant dans ton cercueil.

Mais non, tu comprendras, tu te lèveras comme
Lazare! tu couronneras la femme des rayons de
l'intelligence, sans quoi point de salut pour le
monde; surtout, tu feras bonne garde devant ce
charnier, durant un siècle s'il le faut!.. Ce sera
ton phare lumineux pour guider l'humanité jusqu'à
l'heure suprême de l'association de toutes les su-
blimes harmonies!

Pour la municipalité,

LEROUDIER.

FIN.

TABLE DES ARTICLES

FIN DE LA TABLE.

925 — Paris, imp. Jouaust, rue Saint-Honoré, 338.

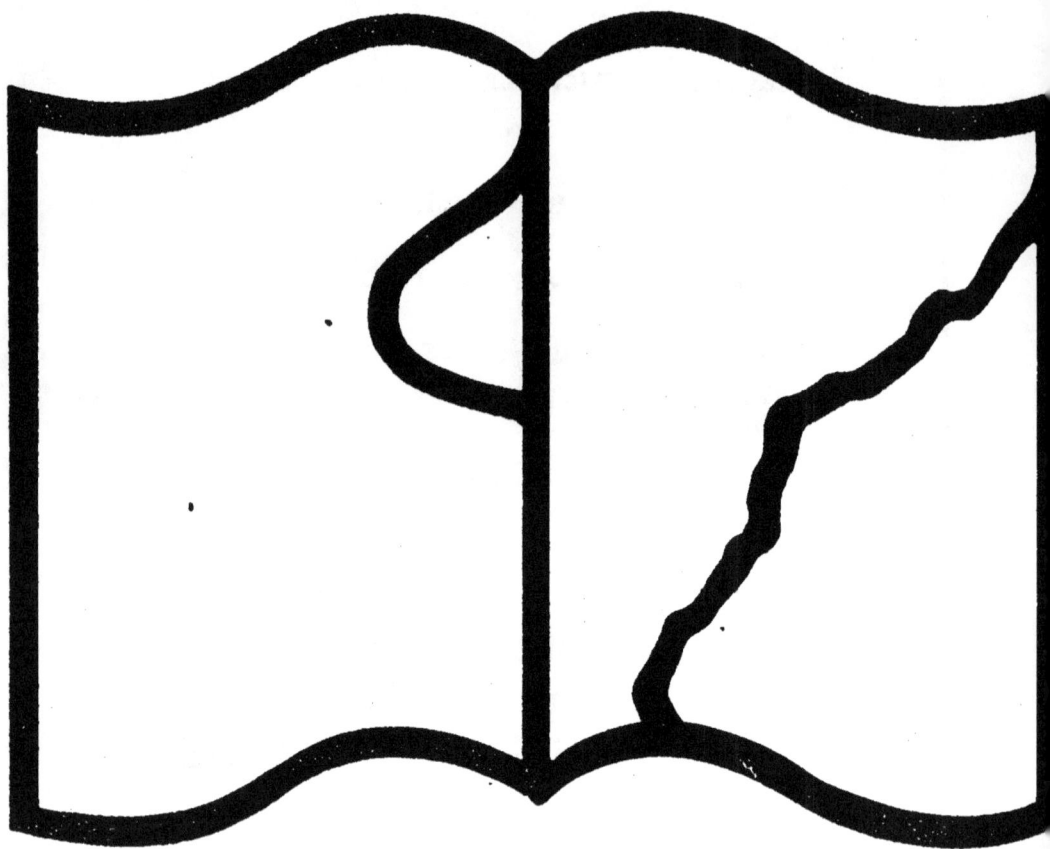

Texte détérioré — reliure défectueuse

NF Z 43-120-11

www.ingramcontent.com/pod-product-compliance
Lightning Source LLC
Chambersburg PA
CBHW070942100426
42738CB00010BA/1945